3

# Team Deutsch

## Deutsch für Jugendliche

## Arbeitsbuch

Ursula Esterl • Elke Körner • Ágnes Einhorn • Aleksandra Kubicka
Eva-Maria Jenkins-Krumm (Meilensteine)

Ernst Klett Sprachen
Stuttgart

# Das Symbol

 steht für Hören

 bedeutet, dass ihr zu zweit arbeitet

 bedeutet, dass ihr im Team arbeitet

 ist ein Signal für Grammatik

 ist ein Hinweis auf den Gemeinsamen europäischen Referenzrahmen für Sprachen

➔ **KB:** 2 zeigt, wie die Aufgaben zueinanderpassen

begleitet euch im Kurs- und im Arbeitsbuch. Er zeigt euch wichtige Strategien und gibt euch nützliche Tipps und Tricks zum Deutschlernen.

1. Auflage 1 6 5 | 2015

Alle Drucke dieser Auflage können nebeneinander benutzt werden, sie sind untereinander unverändert. Die letzte Zahl bezeichnet das Jahr des Druckes.

© Ernst Klett Sprachen GmbH, Stuttgart 2008
Alle Rechte vorbehalten.

Das Werk und seine Teile sind urheberrechtlich geschützt. Jede Nutzung in anderen als den gesetzlich zugelassenen Fällen bedarf der vorherigen schriftlichen Einwilligung des Verlages. Hinweis zu § 52 a UrhG: Weder das Werk noch seine Teile dürfen ohne eine solche Einwilligung eingescannt und in ein Netzwerk eingestellt werden. Dies gilt auch für Intranets von Schulen und sonstigen Bildungseinrichtungen.

**Internet:** www.klett-sprachen.de

**Projektteam:** Enikő Rabl, Renate Weber, Annette Kuppler, Eva-Maria Jenkins-Krumm
**Redaktion und Meilensteine:** Eva-Maria Jenkins-Krumm
**Redaktionelle Mitarbeit:** Elke Körner
**Beratung:** Evdokia Kallia, Barbara Ceruti, Dr. Kerstin Reinke, Herder-Institut Leipzig (Phonetik)
**Layoutkonzeption und Herstellung:** Katja Schüch
**Zeichnungen:** Paweł Miedziński, Poznań
**Fotos:** Gallandi. Studio für Foto-Design, Berlin; Stephan Klonk. Fotodesign, Berlin
**Satz:** Regina Krawatzki, Stuttgart
**Druck:** LCL Sp. z o.o., Lódz • Printed in Poland

**ISBN:** 978-3-12-675961-8

9 783126 759618

# Inhalt

# Meilensteine sammeln

**Reise durch Liechtenstein und die Schweiz**

Zeichne nach jedem erreichten Meilenstein deinen Reiseweg auf der Karte ein.

Denkmal am Dreiländereck Schweiz, Deutschland, Frankreich in Basel.

Der Schweizer Künstler Jean Tinguely hat diesen verspielten Brunnen entworfen.

Neuchâtel liegt in der französischen Schweiz. Ganz in der Nähe ist die Heimat der Swatch-Uhren.

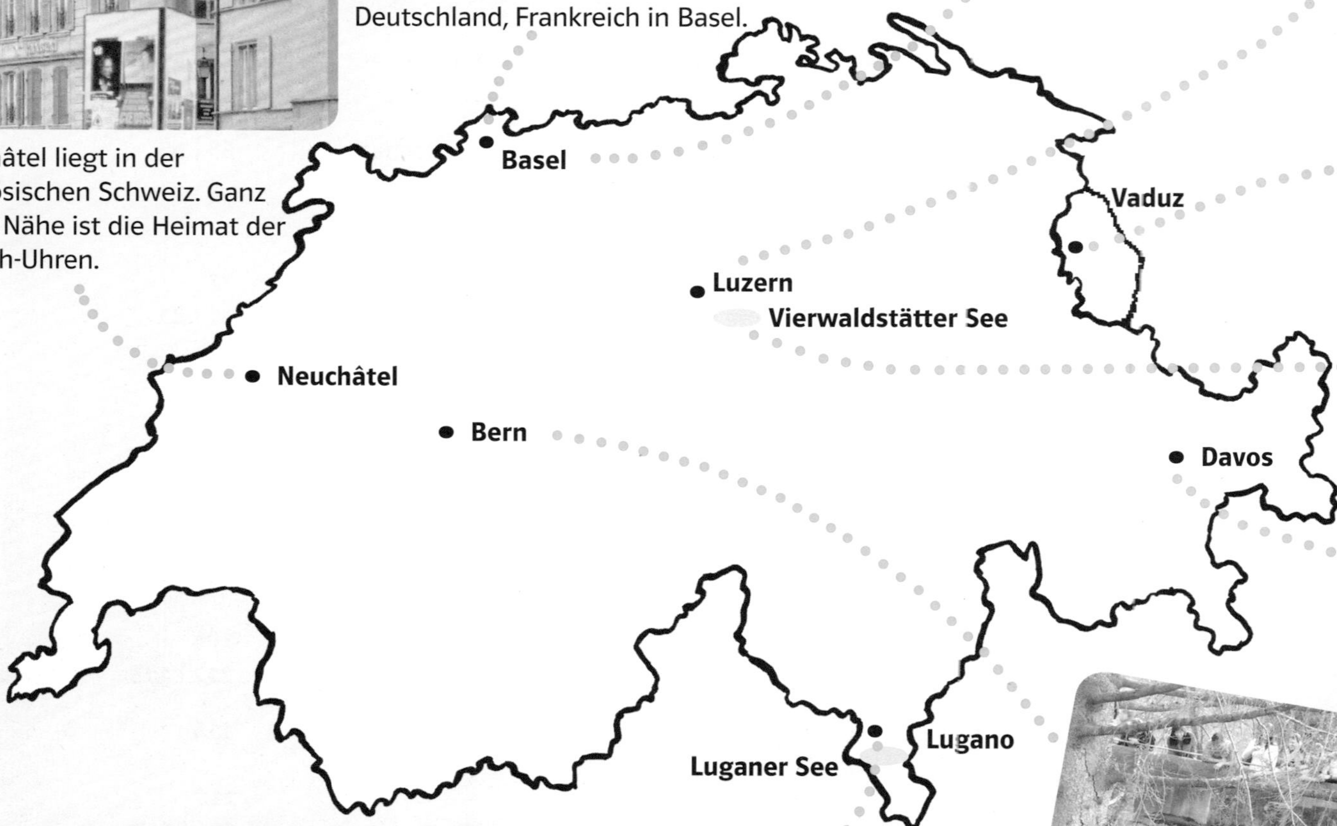

Am Luganer See kann man unter Palmen spazieren gehen und mit dem Schiff eine Seerundfahrt machen.

Die Bären sind das Wappentier von Bern.

Der Wasserturm und die Kapellbrücke aus dem 14. Jahrhundert sind das Wahrzeichen von Luzern. Nach dem Brand von 1994 wurde die Brücke originalgetreu wieder aufgebaut.

Die Burg in Vaduz ist heute noch Wohnsitz des Fürsten, der auch das Staatsoberhaupt des Fürstentums Liechtenstein ist.

Der Vierwaldstätter See bietet eine reich gegliederte Seenlandschaft mit zahlreichen Buchten, Städten und Dörfern, umgeben von hohen Bergen.

Davos, die höchstgelegene Stadt Europas (1560 m über dem Meer), liegt inmitten einer fantastischen Bergwelt. Im Sommer kann man dort wandern, im Winter auf schneesicheren Pisten Schi fahren.

Bern ist die Hauptstadt der Schweiz. Im mittelalterlichen Stadtzentrum findet man viele alte Brunnen, die früher für die Trinkwasserversorgung der Berner wichtig waren. Bern ist auch ein wichtiger Wirtschaftsstandort.

# 25 Leben in DACH

## 1 Jugendliche über ihr Land

➔ KB: 1

Hör bitte zu. Schreib die Namen der Länder zu den Bildern.

1

2

3
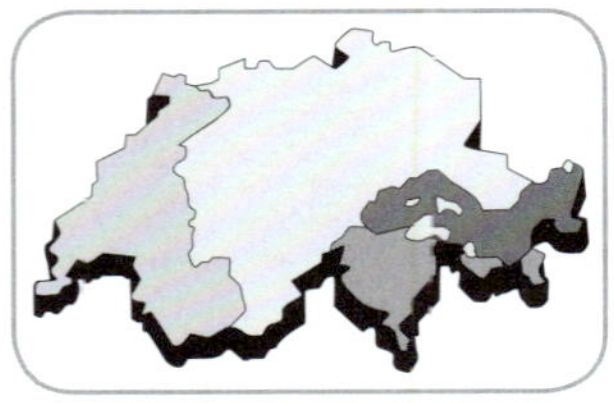

Land: .................... .................... ....................

## 2 Wie klingt DACH?

Hör bitte zu. In welchem Land leben die Leute? Verbinde die Grüße mit den Ländern.

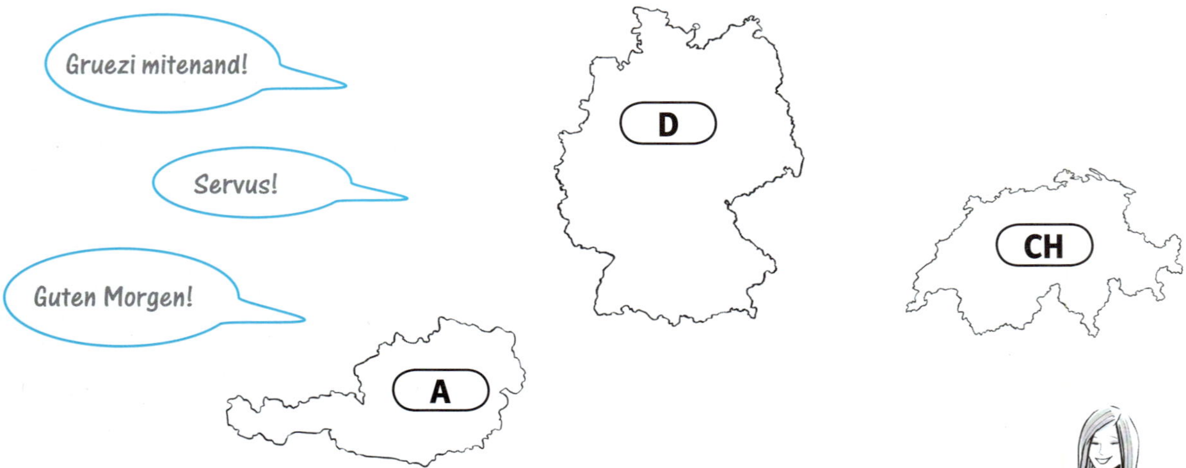


## 3 Herr Unsicher – Frau Sicher

➔ KB: 3

**a** Zu wem passt welche Aussage? Kreuz bitte an.

1. Deutschland hat 82 Millionen Einwohner. ☐ ☐
2. Ist der dritte Oktober Nationalfeiertag in Österreich oder Deutschland? ☐ ☐
3. In Österreich spricht man Deutsch. ☐ ☐
4. Freunde in Deutschland ruft man mit der Vorwahl 0049 an. ☐ ☐
5. Muss man in der Schweiz mit Franken oder mit Euro bezahlen? ☐ ☐
6. Ist Bern oder Zürich die Hauptstadt von der Schweiz? ☐ ☐
7. Rot und Weiß sind die österreichischen Nationalfarben. ☐ ☐
8. Spricht man in der Schweiz drei oder vier Sprachen? ☐ ☐

**b** Schreib deine Ergebnisse in ganzen Sätzen.

**Frau Sicher** weiß, **dass** ..................................................
Sie weiß auch, dass ..................................................
Sie ist sicher, ..................................................
Und sie weiß, ..................................................

**Herr Unsicher** weiß nicht, **ob** ..................................................
Er weiß auch nicht, ob ..................................................
Er ist nicht sicher, ..................................................
Und er fragt sich, ..................................................

**c** Auf welche Frage weißt du die Antwort? Hilf Herrn Unsicher.

Ich bin sicher, dass ..................................................
Ich bin auch sicher, dass ..................................................
Ich weiß ganz genau, ..................................................
Und ich weiß, ..................................................

## 4 Wissen oder nicht wissen: *dass* oder *ob*

Schreib vier Sätze aus Übung **3 b / c** in die Tabelle.

| | dass / ob | Mittelfeld | konjugiertes Verb |
|---|---|---|---|
| Sie weiß, | | | |
| Er weiß nicht, | | | |
| Er fragt sich, | | | |
| Ich bin sicher, | | | |

**Nebensatzklammer**

| **Ich bin (ziemlich) sicher:** | **Ich bin nicht sicher:** |
|---|---|
| Ich weiß (ganz genau), dass ... | Ich weiß nicht, ob ... |
| Ich bin (ganz) sicher, dass ... | Ich bin nicht sicher, ob ... |
| Ich denke, dass ... | Ich möchte wissen, ob ... |
| Ich glaube, dass ... | Ich frage (mich), ob ... |

# 25 Leben in DACH

## 5 Noch mehr Fragen? KB: 4b

**a** Lies die Fragen der Jugendlichen. Welche Fragen sind W-Fragen, welche sind Ja / Nein-Fragen? Notiere den Fragetyp im Kasten.

**b** Schreib bitte auf, was die Jugendlichen wissen möchten.

a) Alex: Wie geht es dir und deinem Bruder? — W-Frage

Er möchte wissen, *wie es mir und meinem Bruder geht.*

b) Silke: Wie lang sind deine Weihnachtsferien? — ……………………

Sie möchte wissen, ……………………………………………

c) Tom: Hast du viele Freundinnen? — Ja / Nein-Frage

Ihn interessiert, ……………………………………………

d) Arthur: Was brauche ich für das Wochenende in den Bergen? — ……………………

……………………………………………

e) Silvio: Esst ihr alle vegetarisch? — ……………………

……………………………………………

f) Luisa: Soll ich euch etwas mitbringen? — ……………………

……………………………………………

g) Wladi: Wer ist euer Lieblingssänger? — ……………………

……………………………………………

Im indirekten Fragesatz ändern sich die Pronomen.
Alex fragt: „Wie geht es **dir** und **deinem** Bruder?"
Indirekte Frage: Er möchte wissen, wie es **mir** und **meinem** Bruder geht.

## 6 Die Austauschschüler und ihr Lehrer möchten noch mehr wissen.

Lies, was die Jugendlichen in der Klasse berichten. Ordne die Antworten zu.

| Fragen | Infos |
|---|---|
| 1. Karl möchte wissen, ob er ein eigenes Zimmer bei uns hat. | a) Montags und donnerstags essen wir in der Mensa, sonst normalerweise zu Hause. |
| 2. Julia weiß nicht, ob sie die Klassenarbeiten mitschreiben muss. | b) Da müssen wir erst mit dem Sportlehrer sprechen. |
| 3. Martino will wissen, ob wir ein Fußballmatch organisieren. | c) Er kann gerne meinen Computer benutzen, wenn er will. |
| 4. Herr Zima möchte wissen, wann unser Nachmittagsunterricht stattfindet. | d) Sie muss nicht, aber sie kann, wenn sie will. |
| 5. Felix will wissen, ob er seinen Hund mitbringen kann. | e) Nachmittagsunterricht haben wir nur am Donnerstag von 14.00 bis 15.50 Uhr. |
| 6. Gregor ist nicht sicher, ob er seinen Laptop mitnehmen soll. | f) Natürlich hat er eines: Ich schlafe in der Zeit bei meinem Bruder im Zimmer. |
| 7. Moni möchte gerne wissen, wo wir zu Mittag essen. | g) Besser nicht. Wir wohnen in einer kleinen Stadtwohnung. Dort kann man ihn nicht allein lassen. |

| 1 | 2 | 3 | 4 | 5 | 6 | 7 |
|---|---|---|---|---|---|---|
| | | | | | | |

## 7 Organisationsprobleme KB: 5

Frau Esterl hatte viele Fragen an Herrn Jankowski. Schreib sie bitte auf.

| **Frau Esterl möchte wissen,** | **Frau Esterl fragt Herrn Jankowski am Telefon:** |
|---|---|
| 1. ... um wie viel Uhr Herr Jankowski mit seiner Klasse ankommt. | „..........................................................." |
| 2. ... ob am Samstag alle zusammen ins Schwimmbad gehen können. | „..........................................................." |
| 3. ... ob sie Karten für ein Musical oder für ein Fußballspiel reservieren soll. | „..........................................................." |
| 4. ... ob seine Frau mitkommt. | „..........................................................." |
| 5. ... ob er noch Fragen hat. | „..........................................................." |

# 25 Leben in DACH

## 8 Was möchtest du über deine Klassenkameraden wissen?

Jeder schreibt zwei Fragen auf einen Zettel, dazu seinen Namen. Legt alle Zettel verdeckt auf den Tisch. Jeder nimmt einen Zettel und formuliert Anfragen wie im Beispiel. Die Angesprochenen antworten.

Ist Philip Frühaufsteher?
Warum hat Olivia nachmittags nie Zeit?
(Marcin)

- Philip, Marcin möchte wissen, ob du Frühaufsteher bist.
- Olivia, Marcin fragt sich, warum ...

## 9 Was schreiben die Schüler wirklich? ➔ KB: 7/8

Lies bitte die Briefe der Austauschschüler genau. Welche Aussage stimmt?

**1. Eleonora schreibt aus Österreich:** stimmt

a) Alle waren sehr kühl. ☐
b) Sie waren überhaupt nicht kühl. ☐
c) Die Cliquen sind anders als in Italien. ☐
d) Die Cliquen sind so ähnlich wie in Italien. ☐
e) Alle haben modische Kleidung. ☐
f) Niemand ist modisch. ☐

**2. Georgi schreibt aus der Schweiz:** stimmt

a) Mein Onkel spricht natürlich auch Griechisch. ☐
b) Mein Onkel spricht kein Griechisch. ☐
c) Am Anfang habe ich gar nichts verstanden. ☐
d) Schweizerdeutsch habe ich ohne Probleme verstanden. ☐
e) Fast niemand hatte traditionelle Kleidung. ☐
f) Viele Leute waren traditionell gekleidet. ☐

**3. Aleksandra schreibt aus Deutschland:** stimmt

a) Deutsche Jugendliche dürfen viel mehr als wir. ☐
b) Deutsche Jugendliche dürfen auch nicht viel mehr als wir. ☐
c) In Deutschland sind die Leute nicht sehr humorvoll. ☐
d) Die deutschen Jugendlichen haben Humor und sind witzig. ☐
e) Die Leute sind gar nicht so diszipliniert. ☐
f) Man braucht für alles einen Termin. ☐

## 10 Zwei E-Mails vom Schüleraustausch

Der Computer hat die E-Mails durcheinandergebracht. Ordne die passenden Bausteine zu. Schreib die E-Mails bitte neu.

E-MAIL

*Sorgen … Es ist eine tolle Erfahrung! Ich schicke euch*

gelernt! Wenn ich nach Hause komme, koche ich

*geht's ganz gut. Hier ist alles noch ziemlich fremd für mich. Aber*

und am Ende essen wir dann alles auf. Echt cool! Hab' gar nicht gewusst, wie

*ins Kino, treffen Freunde und einmal waren*

*wirklich, dass es bald besser geht. Unser Abendprogramm*

Liebe Eltern,
hier ist alles neu: meine Gastfamilie, die Schule, die Mitschüler und

*hilft mir, wo er kann. In der Schule verstehe ich leider nicht alles. Sie sprechen alle sooo*

E-MAIL

*ist meistens ziemlich aufregend: Wir gehen*

lustig Kochen sein kann. Ich habe schon viel

*schnell, schrecklich! Ich hoffe*

auch die Fächer. Ein Fach heißt z. B. Kochen. Wir kochen ganz leckere Speisen

euch was richtig Gutes! Bis bald, Kurt

*Hallo Mama, hallo Papa!*
*Wie geht es euch? Mir*

*viele liebe Grüße und 1000 Bussis,*
*eure Irma*

*meine Gastfamilie ist sehr nett und hilfsbereit. Auch Marlon*

*wir auch schon auf einer Party!! Macht euch bitte keine*

## 11 Wie gut kennst du deinen Partner / deine Partnerin?

**a** Kreuz bitte das passende Kästchen an.

| Mein Partner / Meine Partnerin ist … | sehr | wenig | überhaupt nicht |
|---|---|---|---|
| ordentlich | | | |
| selbstsicher | | | |
| offen | | | |
| pünktlich | | | |
| humorvoll | | | |
| freundlich | | | |
| diszipliniert | | | |
| sportlich | | | |

**b** Tauscht eure Bücher aus. Sprecht über eure Meinungen.

*Du hast Recht, ich bin ordentlich.*

*Leider bin ich überhaupt nicht ordentlich.*

*Das stimmt nicht! Ich …*

# 25 Leben in DACH

## 12 Wortbausteine: Nomen aus Adjektiven

**a** Ergänze bitte die Nomen.

**die** – Frei..........................
– Selbstsicher..........................
– Gesund heit..........................
– Krank..........................
– Schön..........................

-heit

-keit

**die** – Ordentlich.......................... / Unordentlich..........................
– Freundlich.......................... / Unfreundlich..........................
– Sauber..........................
– Pünktlich.......................... / Unpünktlich..........................
– Sportlich.......................... / Unsportlich..........................

**b** Ergänze bitte die Regel.

Nomen mit *-heit* und *-keit* sind immer .................................. .

## 13 Werbesprüche

Ergänze bitte die Werbesprüche mit den passenden Adjektiven oder Nomen.

**1**
Gesund sein ist nicht alles.
Aber ohne ..........................
ist alles nichts!
**Ihr Ärzteteam**

**2**
*Unsportlichkeit ist out!*
.......................... *ist in!*
*Du bist* ..........................*!*
*Dein Sportclub*

**3**
Sie lieben Pünktlichkeit?
Unsere Züge bringen Sie
.......................... ans Ziel.
*Ihre **DB***

**4**
Auch Tiere wollen frei sein, in
.......................... leben!
*Tierschützer engagieren sich.*

**5**
**Schön, schöner, am schönsten!**
Ihre .......................... ist unser
Programm.
*Ihr Haarstylist*

**6**
*Du fühlst dich oft unsicher, bist nicht*
..........................*?*
*Selbstsicherheit kann man lernen.*
*Komm in unsere Selbsterfahrungsgruppe!*

## 14 Welche Antworten passen? ➔ KB: 9

Finde die passende(n) Antwort(en).

1. Sind alle Austauschschüler aus Bern?
- ☐ a) Ja, einer ist aus Bern.
- ☐ b) Nein, einer kommt aus Basel.
- ☐ c) Nein, alle sind Schweizer.

2. Spricht jeder eine Fremdsprache?
- ☐ a) Ja, alle lernen Deutsch.
- ☐ b) Jeder lernt Englisch, aber noch nicht lange.
- ☐ c) Ich spreche eine.

3. Haben deine Freunde ein Moped?
- ☐ a) Nicht alle.
- ☐ b) Ja, aber Moritz hat keins.
- ☐ c) Nein, aber jeder möchte eins.

4. Wer weiß, wo Klagenfurt liegt?
- ☐ a) Keiner weiß das genau.
- ☐ b) Alle wissen, wo Klagenfurt liegt.
- ☐ c) Jeder war schon einmal in Klagenfurt.

5. Essen alle ein Eis?
- ☐ a) Ich mag jedes Eis.
- ☐ b) Wir essen alles.
- ☐ c) Nein, Nina isst keins.

6. Ist modische Kleidung für euch wichtig?
- ☐ a) Ja, hier trägt keiner unmoderne Sachen.
- ☐ b) Wir alle tragen coole Klamotten.
- ☐ c) Nur einer hat eine modische Hose.

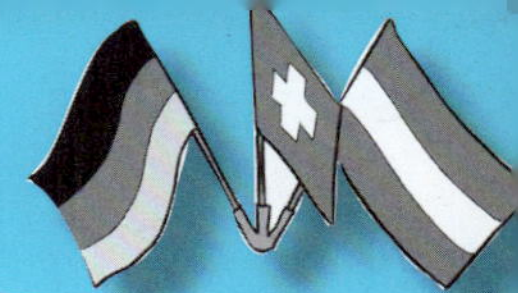

## 15 Keiner sagt etwas.

Ergänze bitte die Pronomen.

| **Pronomen** | m. | n. | f. |
|---|---|---|---|
| Nominativ: | (k)ein**er** | ein**s** | (k)ein**e** |
| | jed**er** | jed**es** | jed**e** |
| Akkusativ: | (k)ein**en** | (k)ein**s** | (k)ein**e** |
| | jed**en** | jed**es** | jed**e** |

Die Pronomen haben die Signalendung.

1. Wisst ihr, wer das gemacht hat? ▶ Na klar, .................................. weiß es, aber keiner sagt etwas.
2. Möchtest du noch ein Stück Kuchen? ▶ Ja gern. ▶ Dann nimm dir ..................................!
3. Hast du einen Euro für mich? ▶ Tut mir leid, ich habe ...................................
4. .................................. sind in Urlaub gefahren, keiner ist da.
5. Ich habe zwei Schwestern, .................................. lebt in Australien.
6. Alle meine Freundinnen haben ein Handy, nur ich habe ...................................

## 16 Geografie-Quiz ➔ KB: 11

**a** Bildet Vierer-Teams und löst das Quiz so schnell wie möglich. Die Karte im KB, Seite 6–7 hilft! Welches Team ist am schnellsten?

1. Welches Land ist kein Nachbar von Österreich?
   ☐ a) Slowenien ☐ b) Italien
   ☐ c) Schweiz ☐ d) Frankreich

2. Durch welches Land fließt der Rhein nicht?
   ☐ a) Deutschland ☐ b) Italien
   ☐ c) Österreich ☐ d) Schweiz

3. Welcher See liegt in Deutschland?
   ☐ a) Chiemsee ☐ b) Neusiedlersee
   ☐ c) Vierwaldstätter See ☐ d) Gardasee

4. Welche Stadt ist keine Hauptstadt?
   ☐ a) Berlin ☐ b) Vaduz
   ☐ c) Wien ☐ d) Zürich

5. Welches Land grenzt nicht an den Bodensee?
   ☐ a) Schweiz ☐ b) Deutschland
   ☐ c) Österreich ☐ d) Liechtenstein

6. Welche deutsche Stadt liegt am weitesten im Osten?
   ☐ a) Saarbrücken ☐ b) München
   ☐ c) Dresden ☐ d) Essen

7. Welche Stadt liegt nicht in der Schweiz?
   ☐ a) Basel ☐ b) Locarno
   ☐ c) Bonn ☐ d) Lausanne

8. Durch welches Land fließt die Donau nicht?
   ☐ a) Deutschland ☐ b) Ungarn
   ☐ c) Schweiz ☐ d) Österreich

**b** Findet nun selbst zwei Geografie-Quizfragen.

.....................................................................................................
☐ a) .................................. ☐ b) ..................................
☐ c) .................................. ☐ d) ..................................

.....................................................................................................
☐ a) .................................. ☐ b) ..................................
☐ c) .................................. ☐ d) ..................................

# 25 Meine Grammatik

### Indirekte Fragesätze

**a** Ergänze bitte Carlottas Fragen.

**b** Welche Fragen sind Ja / Nein-Fragen, welche sind W-Fragen? Kreuz bitte an.

| | Ja / Nein-Frage | W-Frage |
|---|---|---|
| 1. Warst du schon mal in ..........................? | | |
| 2. Wann beginnt morgens ..........................? | | |
| 3. Hast du viele ..........................? | | |
| 4. Welche .......................... hast du? | | |
| 5. .......................... du manchmal? | | |
| 6. Warum lernst du ..........................? | | |
| 7. Spielst du ..........................? | | |

**c** Was möchte Carlotta wissen? Denk an den Wechsel der Personalpronomen.

Carlotta

**weiß nicht,**
**möchte wissen,**
**fragt,**

ob ich schon mal in .......................... war.
.......... .......................... ..........
.......... .......................... ..........
.......... .......................... ..........
.......... .......................... ..........
.......... .......................... ..........
.......... .......................... ..........

### Artikelwörter und Pronomen

**a** Wie sind die Jungen und Mädchen in der Klasse? Ergänze bitte.

Eine Mitschülerin ist ..........................................................
Jedes Mädchen ..........................................................
Kein Junge spielt ..........................................................
Alle Mitschüler sind ..........................................................

**b** Was sagen die anderen? Vergleiche und notiere bitte.

Jed.......... ..........
..........................

Alle sind ..........
..........................

Kein.......... spielt
..........................

..........................
..........................

Ein.......... ist
..........................

..........................
..........................

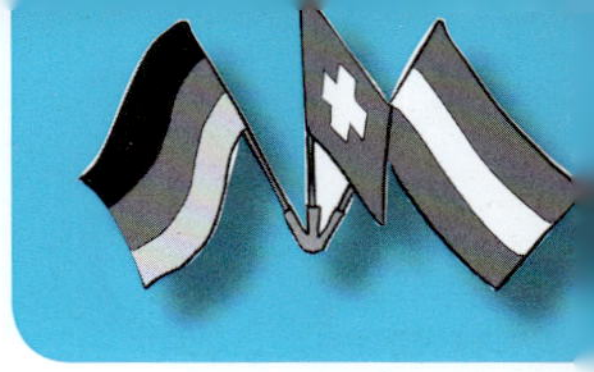

# Mein Wortschatz

**Mein DACH!**

Was verbindest du mit den drei Ländern? Notiere Wörter, Symbole, Namen, Zeichen, …

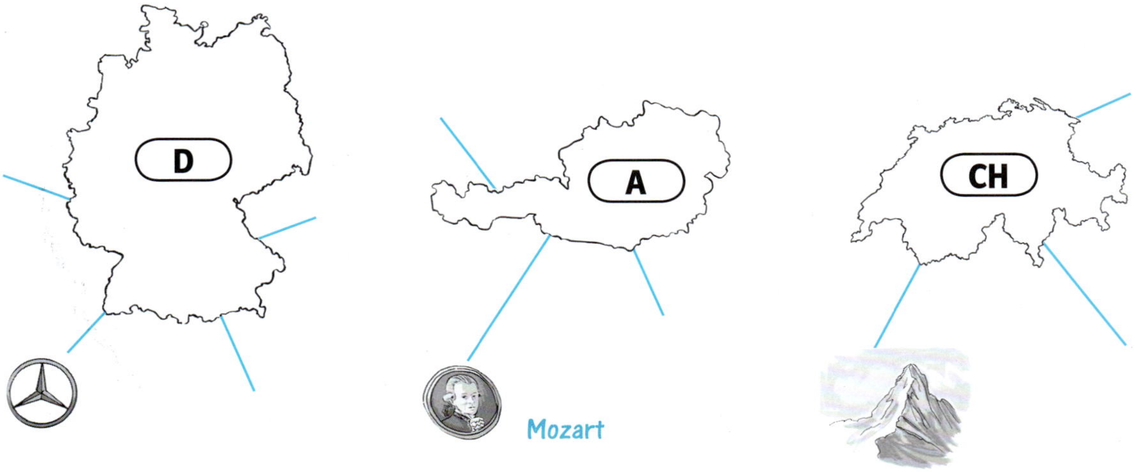


**Was ich gerne wissen möchte. / Was ich weiß.**

Wähl bitte Fragen aus. Schreib Sätze wie in den Beispielen in dein Heft. Du kannst auch eigene Sätze formulieren.

Ist die Donau wirklich blau? • Kann ich später viele Reisen machen? • Was kostet …? • Lerne ich im Urlaub nette Leute kennen? • Warum sind viele Leute so unfreundlich? • Gewinnt unsere Mannschaft das nächste Fußballspiel? • Werde ich einmal berühmt? • Was passiert nächste Woche / nächstes Jahr / …? • Welche Note habe ich in der … arbeit? • Wo finden die nächsten Olympischen Spiele statt? • Wie viele Franken sind 10 Euro? – …

*Ich möchte wissen, was ein Moped kostet.*
*Ich frage mich, ob ich später viele Reisen machen kann. / Ich bin sicher, dass ich später viele Reisen machen kann.*

**Das bin ich!**

Lies noch einmal Aufgabe 12: Welche Nomen passen zu dir? Ergänze bitte den Satz.

„Ich bin die ......................................., ......................................., ....................................... in Person!"

**Deine Wörter, deine Sätze**

Wähl drei Wortpaare aus und schreib Sätze.

wichtig · schmecken · komisch · selbstsicher · sich küssen · Gefühl · spontan · Wiener Walzer · Schwarzbrot · Lederhose · traditionell · Schönheit

*Ich finde traditionelle Lederhosen toll.*

# 26 Gefühlschaos

## 1 Ausrufe mit Gefühl! KB: 1

**a** Ordne bitte die Sprechblasen den Situationen zu. Zwei Sprechblasen bleiben übrig.

Igitt! | Oh nein! | Hurra! | Nanu? | Aua!

**A** Christiane gibt eine Geburtstagsparty für ihre Freunde. Franz ist nicht eingeladen. Aber sie sieht ein Geburtstagsgeschenk von Franz auf dem Tisch. Ganz überrascht ruft sie:

..........................................

**B** Lisa geht mit ihrem Hund im Park Gassi. Sie läuft mit ihm über die Wiese, plötzlich rutscht sie aus und fällt auf den Po. Sie ruft:

..........................................

**C** Anna schreibt in der Pause ihre Hausaufgaben von Peter ab. Plötzlich geht die Klassentür auf und ihr Deutschlehrer kommt herein. Sie sagt: ..........................................

**b** Beschreib bitte eine Situation für eine der restlichen zwei Sprechblasen.

..........................................................................................................................................

..........................................................................................................................................

## 2 Situationen und Gefühl

**a** In welchen Situationen hast du diese Gefühle? Notiere Stichwörter.

| Freude | Überraschung | Ekel | Schmerz |
|---|---|---|---|
| *Geschenke,* .......... | .......... | .......... | *Kopfschmerzen,* .......... |
| .......... | .......... | .......... | .......... |
| .......... | .......... | .......... | .......... |
| .......... | .......... | .......... | .......... |
| .......... | .......... | .......... | .......... |
| .......... | .......... | .......... | .......... |

**b** Beende bitte die Sätze.

Mir tut der Kopf weh, wenn ..........................................................................

Ich freue mich, wenn ..........................................................................

Ich ekle mich, wenn ..........................................................................

Ich wundere mich, wenn ..........................................................................

## 3 Eine Verabredung ➔ KB: 2

**a** Bring bitte das Telefongespräch in die richtige Reihenfolge. Markiere die Dialogelemente, die dir dabei helfen, bunt.

| | Elisa | | Hanna |
|---|---|---|---|
| | Ich auch nicht. Wann treffen wir uns? In einer Stunde? Ist das okay für dich? | | Bis dann, Elisa – ich freu' mich schon sehr. Tschüss! |
| | Gut, also bis dann! | 1 | Kirchbaumer, hallo? |
| | Hallo, Hanna! Ich bin's – Elisa. | | Eislaufen? Oh ja, sicher … Toll!! Ich war schon so lange nicht mehr … |
| | Bei mir, das ist näher zur Eisbahn. | | In einer Stunde? Ja, das ist okay. Bei mir oder bei dir? |
| | Ja, ich wollte dich fragen, ob du Lust auf Eislaufen hast. | | Ja, da hast du Recht, das ist besser. Ich komme mit dem Bus um 15.05 Uhr. |
| | Ich auch. Tschüss! | | Oh, hallo Elisa! Was läuft denn so? |

**b** Hör bitte das Gespräch. Ist deine Lösung richtig?

## 4 Wörter zum Thema

**a** Was gehört zu einer Eislaufausrüstung? Wähl bitte aus und notiere.

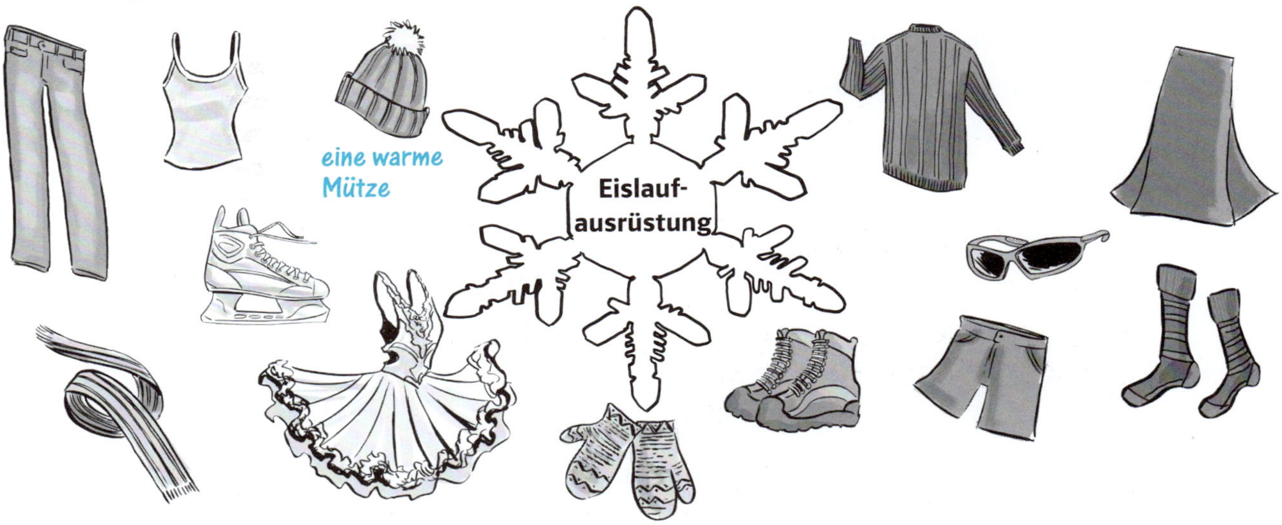


**b** Notiere im Baum alle Nomen und Verben aus der Wortfamilie *Eis*, die du kennst.

Essen:

Wintersport:

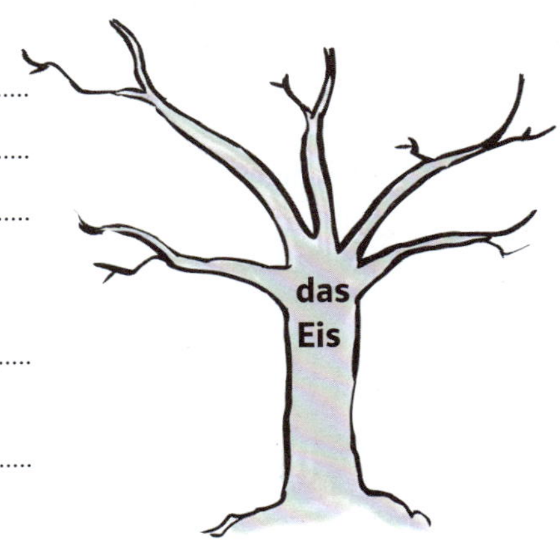

**c** Im Deutschen gibt es ein Wort für *Eis*. Und in deiner Sprache?

# 26 Gefühlschaos

## 5 Wo steht das im Satz? ➔ KB: 3

**a** Welche Sätze sind richtig, welche sind falsch? Kreuz bitte an.

| | richtig | falsch |
|---|---|---|
| 1. *Im Gesicht er war rot wie eine Tomate.* | ☐ | ☒ |
| 2. Sicher war es ihm total peinlich. | ☐ | ☐ |
| 3. Später haben kurz wir gesprochen. | ☐ | ☐ |
| 4. Er hat mich gefragt, ob ich ihn habe ausgelacht oder angelacht. | ☐ | ☐ |
| 5. Schade, dass wir nicht länger bleiben konnten. | ☐ | ☐ |
| 6. Der Tag auf der Eisbahn ein Erfolg war. | ☐ | ☐ |
| 7. Wir haben viel besonders trainiert. | ☐ | ☐ |
| 8. Mein Rücken und die Beine tun weh. | ☐ | ☐ |
| 9. Ich war überrascht ziemlich. | ☐ | ☐ |

**b** Die Sätze in **a** findest du in den beiden Tagebucheinträgen im Kursbuch. Korrigiere bitte die falschen Sätze wie im Beispiel.

## 6 Werbung für einen guten Zweck

**a** Lies bitte den Werbetext. Unterstreiche 5-6 Schlüsselinformationen.

**Zu gewinnen:**
**Pasta und Schlittschuhlaufen auf dem Schulhof**

**Dresden**. Die Jugendzeitschrift SPIESSER und der Nudelspezialist BIRKEL verlosen in der aktuellen Ausgabe eine mobile Eisbahn an Schulen in Ostdeutschland. Fünf Tage lang soll aus dem Schulhof ein gigantisches Winterparadies werden, und als Geschenk bekommt der Gewinner dazu noch satte 2000 Nudelportionen für die größte Nudelparty aller Zeiten.

Die Eintrittsgelder, die in den fünf Tagen zusammenkommen, sind für ein Hilfsprojekt. Eine bessere Idee, um Geld für soziale Projekte zu verdienen, gibt es kaum. „Fünf Tage kann sich die ganze Schule auf dem Eis vergnügen", sagt SPIESSER-Chefredakteur Peter Stawowy, „und zum Abschluss feiern die Gewinner auch noch eine Mega-Nudelparty."

Mitmachen kann jede Schule. Einfach bis zum 24. Februar die besten und originellsten Nudelrezepte an die SPIESSER-Redaktion schicken und – nicht vergessen! – angeben, für welches Projekt ihr das eingenommene Geld spenden wollt.

(E-Mail: redaktion@spiesser.de, Stichwort: Nudelparty)

**b** Eure Schule nimmt an dem Gewinnspiel teil. Schreibt mithilfe der Schlüsselinformationen eine Zusammenfassung für den Eltern-Informationsbrief.

Wichtige Info • Wichtige Info • Wichtige Info • Wichtige Info • Wichtige Info

Liebe Eltern, ......................................................................................................

......................................................................................................

......................................................................................................

......................................................................................................

## 7 Auf der Nudelparty: Was passt zusammen?

Verbinde bitte zuerst die Ausrufe, die zusammenpassen. Verbinde dann die Ausrufe mit der passenden Situation.

**Ausrufe**

| | |
|---|---|
| 1. Autsch! | a) Die schmecken ja eklig! |
| 2. Igitt! | b) Lea ist nicht gekommen! |
| 3. Oh! Entschuldigung! | c) Die schönen Nudeln! |
| 4. Schade! | d) Das hat wehgetan! |
| 5. Oh nein! | e) Schon 1000 Euro! |
| 6. Spitze! | f) Ich hab' Sie nicht gesehen. |

**Situationen**

a) Sally ist hingefallen.
b) Viele Nudelportionen sind verkauft.
c) Jo ist mit Frau Butt zusammengestoßen.
d) Olaf ist verliebt.
e) Petra mag die Nudeln nicht.
f) Der Teller mit Pasta ist aufs Eis gefallen.

## 8 Sehr, ein bisschen oder gar nicht überrascht?

Was fühlst du wie stark in diesen Situationen? Schreib bitte das passende Wort in die Lücken.

sehr | besonders | ziemlich | ein bisschen | gar nicht

a) Du kommst in deine Klasse. Auf deinem Platz sitzt ein neuer Mitschüler.
➔ Ich bin .............................................. überrascht.

b) Dein Freund / Deine Freundin möchte mit deinem / deiner besten Freund / in ins Kino gehen.
➔ Das finde ich .............................................. cool!

c) Dein Deutschlehrer / Deine Deutschlehrerin spricht auch in der Pause nur Deutsch mit dir.
➔ Das finde ich .............................................. komisch!

d) Du verlierst 10 € auf dem Heimweg.
➔ Ich bin (nicht) .............................................. traurig.

e) Deine Mutter kontrolliert, ob du deine Hausaufgaben gemacht hast.
➔ Das wundert mich ..............................................

f) Dein Vater erklärt, dass er dir zum Geburtstag ein Mofa schenken möchte.
➔ Ich bin .............................................. glücklich.

g) Ihr wollt Weihnachten in einer Hütte in den Bergen verbringen.
➔ Das finde ich .............................................. romantisch!

## 9 Einmal oder mehrmals? KB: 5/6

Ordne die Sätze zu. Notiere bitte die Nummern.

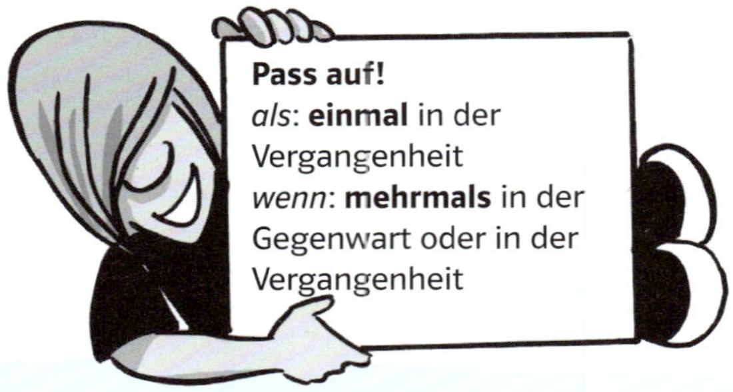


1. Als wir das Finale gegen die 10b gewonnen haben, haben wir zwei Tage lang gefeiert.
2. Immer wenn wir gegen die 10b spielen, muss ich an dieses Endspiel denken.
3. Wenn ich bei meiner Oma bin, gibt es immer Sachertorte als Dessert.
4. Ich habe mich sehr gefreut, als ich eine gute Note in Mathe geschrieben habe.
5. Als ich mir den Arm gebrochen habe, hatte ich schreckliche Schmerzen.
6. Wenn mein Deutschlehrer Vokabeln abfragt, wird mir immer ganz mulmig.
7. Ich habe mich gewundert, als ich die vielen Geschenke unter dem Weihnachtsbaum gesehen habe.
8. Wenn ich morgens zu spät aufgestanden bin, hat mich mein Bruder mit seinem Auto zur Schule gefahren.

Das ist **einmal** passiert: ..............................

Das passiert **mehrmals**. / Das ist **mehrmals** passiert: ..............................

## 10 Zeitpuzzle mit *wenn* oder *als*

**a** Verbinde bitte die Sätze und schreib sie dann in dein Heft.

Ich freue mich sehr,
Hanna war sehr aufgeregt,
Teo war überrascht,
Ich habe früher sehr viel trainiert,
In der Klasse wird es immer sehr laut,
Mein Vater hat sich ziemlich gewundert,
Meine Eltern sind immer sehr nervös,

**wenn** / **als**

als er Hanna beim Eislaufen gesehen hat.
ich mit Verspätung nach Hause komme.
als ich in der Schulmannschaft gespielt habe.
ich ein Geschenk bekomme.
Teo sie angerufen hat.
wir diskutieren.
ich abends nicht mehr ausgehen wollte.

**b** Schreib einen Satz mit *wenn* und einen Satz mit *als* in die Tabelle.

| Hauptsatz | Konnektor | Nebensatz | |
|---|---|---|---|
| .................... | wenn | .................... | .......... .......... |
| .................... | als | .................... | .......... .......... |

**Nebensatzklammer**

## 11 Deine Erinnerungen mit *wenn* oder *als* ➔ **KB:** 6

**a** Ergänze *wenn* oder *als*, und schreib die Sätze bitte weiter.

a) ………………… ich das erste Mal das Meer gesehen habe, ……………………………………………………

……………………………………………………………………………………………………

b) ………………… ich morgens in die Schule gehe, ……………………………………………………

……………………………………………………………………………………………………

c) ………………… ich das erste Mal auf einer Party war, ……………………………………………………

……………………………………………………………………………………………………

d) ………………… meine Mutter mir sagt, ich soll mein Zimmer aufräumen, ……………………………

……………………………………………………………………………………………………

e) Immer ………………… meine Freunde wollten, dass ich ihnen meinen MP3-Player leihe, …………

……………………………………………………………………………………………………

f) ………………… ich gestern nach Hause gegangen bin, ……………………………………………………

……………………………………………………………………………………………………

g) ………………… ich allein bin, ……………………………………………………

……………………………………………………………………………………………………

**b** Vergleicht eure Sätze und sprecht darüber.

## 12 Musikkritik ➔ **KB:** 7

Du schreibst eine Kritik zum Song „Wahrscheinlich peinlich" für die Schülerzeitung. Ergänze bitte den Text und füg noch einen Satz hinzu.

………………………… Song „Wahrscheinlich peinlich" singen …………………………:
ein Junge und ein …………………………. Sie sind beide ca. ………………………… Jahre
alt und haben ………………………… Stimmen.
In dem Song ………………………… Liebe. Die Musik ist …………………………,
den Songtext finde ich …………………………………………………….
Wenn ich den Refrain mitsinge, ……………………………………………………
…………………………………………………………………………………………….
…………………………………………………………………………………………….

# 26 Gefühlschaos

## 13 Emotionslexik ➔ KB: 9

Schreib bitte die Adjektive zu den Nomen.

das Glück – ..............................

die Traurigkeit – ..............................

die Stärke – ..............................

die Schwäche – ..............................

der Mut – ..............................

die Verliebtheit – ..............................

die Eifersucht – ..............................

die Toleranz – ..............................

der Stress – ..............................

die Aggressivität – ..............................

## 14 Wie haben sie sich kennen gelernt? ➔ KB: 10

1 12

Hör die Interviews. Wie haben sich die Paare kennen gelernt? Kreuz bitte an.

**1.**

- ▢ a) Frau Esterl lernte ihren Mann in der Tanzschule kennen.
- ▢ b) Frau Esterl und ihr Mann kannten sich schon als Kinder.
- ▢ c) Frau Esterl lernte ihren Mann übers Internet kennen.

**2.**

- ▢ a) Felix ging in dieselbe Schule wie Tina.
- ▢ b) Felix traf Tina das erste Mal auf einer Party.
- ▢ c) Felix war ein Freund von Tinas Schwester.

**3.**

- ▢ a) Herr Körner tanzte mit seiner Frau auf der Hochzeit eines Freundes.
- ▢ b) Herr Körner lernte seine Frau beim Englischkurs kennen.
- ▢ c) Herr Körner hat seine Frau beim Autoparken kennen gelernt.

**4.**

- ▢ a) Christianes Freund war zwei Jahre lang ihr Arbeitskollege.
- ▢ b) Christiane kannte ihren Freund aus der Firma ihrer Mutter.
- ▢ c) Christianes Freund sprach sie bei einem Kongress in Amerika an.

## 15 Wie habt ihr euch kennen gelernt?

**a** Wie hast du deinen Freund / deine Freundin kennen gelernt? Schreib für die Umfrage einer Jugendzeitschrift einen Text von 30–40 Wörtern.

So habe ich .............................. kennen gelernt:

..............................

..............................

..............................

..............................

**b** Lies den Text bitte in der Klasse vor.

## 16 Unregelmäßige Verben: Präteritum und Perfekt

Den Vokalwechsel der unregelmäßigen Verben kann man in drei Klassen einteilen. Ordne die Verben den Klassen zu.

st**e**hen – st**a**nd – gest**a**nden ○ g**e**ben – g**a**b – geg**e**ben ○ l**ie**gen – l**a**g – gel**e**gen ○ s**e**hen – s**a**h – ges**e**hen ○ verl**ie**ren – verl**o**r – verl**o**ren ○ s**i**ngen – s**a**ng – ges**u**ngen ○ bl**ei**ben – bl**ie**b – gebl**ie**ben ○ beg**i**nnen – beg**a**nn – beg**o**nnen ○ f**a**hren – f**u**hr – gef**a**hren

| Klasse: A – B – A | Klasse: A – B – B | Klasse: A – B – C |
|---|---|---|
| Ein Vokalwechsel: Präteritum | Ein Vokalwechsel: Präteritum / Perfekt | Zwei Vokalwechsel: Präteritum und Perfekt |
| ................ | *stehen – stand – gestanden* | ................ |
| ................ | ................ | ................ |
| ................ | ................ | ................ |

## 17 Regelmäßige und gemischte Verben: Präteritum und Perfekt

Schreib die Sätze im Präteritum. Vergleich dann mit den Texten im Kursbuch (S. 22–23).

Er hat Grimassen gemacht und getanzt. ○ Sie hat Musik gehört. ○ Schüler haben die Polizei alarmiert. ○ Nina S. hat kein Interesse gezeigt. ○ Das Wasser ist aus der Wohnung geströmt. ○ Er ist noch einmal umgekehrt. ○ Die Eltern haben das Tier zum Tierarzt gebracht. ○ Sie hat das Kaninchen nicht gefüttert. ○ Er ist gegen einen Baum gerast. ○ Die Nachbarin hat die Tür geöffnet.

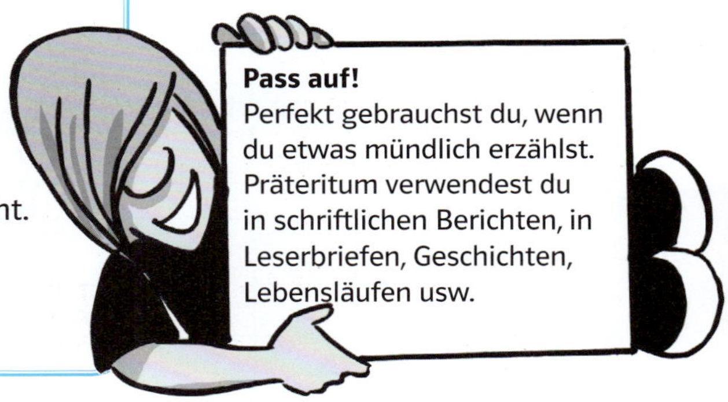


*Er machte Grimassen und …*

## 18 Bunte Mischung

Welche Personalpronomen passen zu den Verbformen? Notiere bitte die Kombinationen.

**ich** **sie / Sie** **du** **wir** **ihr** **er / es / sie**

fuhr, lag, sahen, fuhren, lachte, tat weh, füttertest, rannte, konntet, verloren, wolltet, begann, gabst, sangst, hörten, hatte, bliebt, tuschelten, stand, öffnetet, träumte, standen, wunderten sich

# 26 Meine Grammatik

(Immer) Wenn ich ihn sehe, ...

Als ich sie zum ersten Mal sah, ...

### Temporalsätze: *als* – *wenn*

**a** Schreib bitte einen Satz mit *wenn* und einen Satz mit *als* in die Tabelle.

Der Nebensatz steht vorn:

| **Konnektor** | | **konjugiertes Verb** | **konjugiertes Verb** | |
|---|---|---|---|---|
| Wenn | .......... | .........., | .......... | .......... .......... |
| Als | .......... | .........., | .......... | .......... .......... |

**Nebensatzklammer**

**b** Schreib die Sätze aus **a** in diese Tabelle.
Der Hauptsatz steht vorn:

| **Hauptsatz** | **Konnektor** | **Nebensatz** | **konjugiertes Verb** |
|---|---|---|---|
| .........., | wenn | .......... | .......... .......... |
| .........., | als | .......... | .......... .......... |

**Nebensatzklammer**

### Präteritum

**a** Ergänze bitte bei 1. und 2. mit einem Verb deiner Wahl.

**b** Ergänze bitte bei 3. das Präteritum von *wissen*.

Die 1. und 3. Person sind gleich.

| | **1. regelmäßige Verben** | **2. unregelmäßige Verben** | **3. Mischverben** |
|---|---|---|---|
| **ich** | ..........**te** | .......... | wuss.......... |
| **du** | ..........**te**st | ..........st | wuss.......... |
| **er / es / sie** | ..........**te** | .......... | wuss.......... |
| **wir** | ..........**te**n | ..........en | wuss.......... |
| **ihr** | ..........**te**t | ..........t | wuss.......... .......... |
| **sie / Sie** | ..........**te**n | ..........en | wuss.......... .......... |

Kleine Besonderheit bei den unregelmäßigen Verben mit *-t*:
ich / er / es / sie antwortet**e**, du antwortet**e**st,
wir antwortet**en**, ihr antwortet**et**, sie / Sie antwortet**en**;
ebenso: reden, öffnen, zeichnen

**c** Notiere bitte die Präteritumformen von *öffnen* und *zeichnen*.

ich öffnete, du .......... ..........

ich .......... ..........

# Mein Wortschatz

## Meine Gefühlskurve der letzten Woche

**a** Zeichne deine Gefühlskurve ein.

| | | | | | | | |
|---|---|---|---|---|---|---|---|
| glücklich | | | | | | | |
| selbstbewusst | | | | | | | |
| stark | | | | | | | |
| mutig | | | | | | | |
| tolerant | | | | | | | |
| gelangweilt | | | | | | | |
| erschrocken | | | | | | | |
| traurig | | | | | | | |
| schwach | | | | | | | |
| schüchtern | | | | | | | |
| aggressiv | | | | | | | |
| | Montag | Dienstag | Mittwoch | Donnerstag | Freitag | Samstag | Sonntag |

**b** Erklär deinem Partner / deiner Partnerin die Gründe für deine Gefühle.

*Am Montag war ich ziemlich erschrocken, weil wir einen Vokabeltest in Deutsch gemacht haben.*

## Ausrufe und Verben

**a** Wann sagst du das? Notiere bitte je eine Situation (eventuell in deiner Muttersprache).

1. Das ist ja eklig! ..............................

.............................. 2. Was für eine Überraschung!

3. Autsch! Mein Finger! ..............................

.............................. 4. Oh nein! Muss das sein?

5. Hurra, hurra! Das ist ja toll! ..............................

**b** Ergänze bitte die Sätze mit den entsprechenden Verben und Reflexivpronomen.

1. Ihhh! Ich .............................. mich so! 2. Worüber w.............................. du ..............................?
3. Autsch! Das hat aber ..............................! 4. Ich habe .............................. über meinen Bruder
.............................. 5. Ich f.............................. .............................. wirklich sehr!

# Meilenstein 13

In Team Deutsch 1 hast du eine Rundreise durch Deutschland, in Team Deutsch 2 durch Österreich gemacht. Jetzt führt dich die Reise durch Liechtenstein in die Schweiz. Zeichne deinen Weg auf der Landkarte auf Seite 4 ein und sammle Meilensteine.

## 1 Ich kann ausdrücken, ob ich etwas weiß oder nicht so genau weiß.

Lies die Sätze a, b, c. Ergänze dann die Sprechblasen 1 und 2.

a) Tragen wirklich alle Bayern Lederhosen?
b) Wann beginnt in Deutschland die Schule?
c) Kann man in Österreich mit Euro bezahlen?

?

1. a) *Ich frage mich,* ..................................
.................................................. (1 P)

?

1. b) *Ich möchte* ................................ ,
..................................................
.................................................. (2 P)

?

1. c) *Weißt du,* ..................................
..................................................
..................................................*?* (1 P)

!

2. a) *Ich bin sicher,* .................................................. (nicht alle!) (1 P)

!

2. b) *Ich habe gelesen,* .................................................. (7.30 Uhr) (1 P)

!

2. c) .................................................. (ja) (2 P)

........ /8

## 2 Ich kann am Telefon Fragen meines Gesprächspartners verstehen.

Hör das Gespräch. Gaby hat drei Fragen. Notiere ihre Fragen als direkte Fragen.

Gabys Fragen:

1. ..................................................?
2. ..................................................?
3. ..................................................?

........ /6

## 3 Ich kann Verallgemeinerungen anstellen.

Lies bitte Marios Kurzbericht über seinen Urlaub in der Schweiz und setze das passende Indefinitpronomen ein.

.............................. waren sehr nett zu mir. Am Anfang hatte ich aber ziemliche Probleme: Ich habe fast .............................. verstanden. Dann langsam ging es besser. Was wirklich stimmt: Schifahren ist der absolute Nationalsport in der Schweiz. Einfach .............................. hat eine komplette Schiausrüstung zu Hause. Von allen Jungs, die ich kennen gelernt habe, fuhr nur .............................. nicht Schi!

........ /4

## 4 Ich kann meine Gefühle ausdrücken.

Schreib passende Äußerungen in die Sprechblasen.

Was sagst (oder denkst) du, wenn ...

1. du im Salat eine Schnecke entdeckst,
2. du ein „Sehr gut" in einer Deutscharbeit geschrieben hast,
3. du an der Tafel eine Aufgabe lösen sollst und es nicht kannst,
4. du vom Fahrrad gestürzt bist und dir wehgetan hast,
5. du morgens in die Klasse kommst, aber es ist niemand da.

1. ..........................................................
   ..........................................................
2. ..........................................................
   ..........................................................
3. ..........................................................
   ..........................................................
4. ..........................................................
   ..........................................................
5. ..........................................................
   ..........................................................

........ /5

## 5 Ich kann Gefühlsäußerungen von anderen richtig interpretieren.

Hör zu und nenne die Gefühle der Personen.

1. Teo *tut sich weh.*
2. Moni ..........................................
3. Die Clique ..........................................
4. Hanna ..........................................

........ /3

## 6 Ich kann über tägliche Routinen und vergangene Ereignisse erzählen.

Ergänze bitte die Sätze.

1. .................... ich morgens aufstehe, ..........................................
2. .................... ich von der Schule nach Hause komme, ..........................................
3. .................... ich zehn Jahre alt war, ..........................................
4. .................... ich gestern in der Stadt war, ..........................................

........ /8

## 7 Ich kann in einem Zeitschriftenartikel Präteritumformen verwenden.

Schreib bitte die Erzählung als Artikel für die Schülerzeitschrift in dein Heft.

Eine Bibliothekarin findet um 7 Uhr morgens einen Mann in der Stadtbibliothek. Sein Kopf liegt auf dem Tisch. Als sie ihn aufwecken will, fällt er vom Stuhl. Die Bibliothekarin denkt, dass der Mann tot ist. Sie ruft die Polizei. Plötzlich läuft der Mann weg. Er hat ein Buch in der Hand. Aber die Polizei kann den Mann fangen und bringt ihn zur Polizeistation. Dort erklärt er, dass er für seine Freundin Liebesgedichte sucht.

*Eine Bibliothekarin fand ...*

........ /6

**Wie viele Meilen hast du gesammelt?**

**Bis 20 Meilen:** Die Zugfahrt am Rhein entlang hat dich ganz schön schläfrig gemacht. Wach auf und wiederhol noch einmal die Übungen von Lektion 25 und 26.

**21–30 Meilen:** Der Zug hält in Vaduz, der Hauptstadt des Fürstentums Liechtenstein. Da spricht man auch Deutsch. Du kannst aussteigen und die Burg besichtigen. Dann geht es weiter Richtung Lugano.

**31–40 Meilen:** Du bist wirklich topfit! Nach der Burgbesichtigung in Liechtenstein machst du auch noch einen Abstecher nach Davos: Dort kannst du auf Europas höchster Natureisbahn so lange du willst Schlittschuh laufen.

........ / 40

# 27 Zeig dein Talent!

## 1 Im Wettbewerb ➔ KB: 1

**a** Was passt zusammen? Verbinde bitte und notiere die Ausdrücke.

| | | |
|---|---|---|
| ein<br>an einem<br>eine<br>einen<br>vor einem | Medaille<br>Preis<br>Pokal<br>Theaterstück<br>Publikum<br>Turnier<br>Wettbewerb<br>Wettkampf | auftreten<br>gewinnen<br>teilnehmen<br>aufführen |

an einem Wettbewerb teilnehmen, ..........................................

..........................................

**b** Welche Verben passen? Kreuz bitte an.

**Letzter / der Letzte ...** 

☐ sein ☐ bekommen ☐ werden ☐ haben

## 2 Wortbausteine ➔ KB: 2

**a** Notiere bitte alle Wörter mit *-sport / Sport-* aus dem Text. Markiere die Wortbausteine.

1. der Schul|sport|wettbewerb = Wettbewerb in einer Sportart, die man in der Schule macht
2. ..........................................
3. ..........................................
4. ..........................................
5. ..........................................
6. ..........................................
7. ..........................................
8. ..........................................

**b** Notiere die Wortbedeutungen in deiner Sprache.

**c** Sammle weitere Wörter mit *-sport / Sport-* im Verlauf der Lektion.

## 3 Was weißt du über den Wettbewerb „Jugend trainiert für Olympia"?

Ergänze die Sätze mit Verben (1–3) und Nomen (4–6).

Der Wettbewerb …

1. ………………………… jedes Jahr ………………………….
2. ………………………… die Jugendlichen zum Sporttreiben.
3. ………………………… jungen Sportlern die Möglichkeit, Erfahrungen zu sammeln.
4. hat rund 900 000 ………………………… und ………………………….
5. vermittelt positive ………………………….
6. fördert die ………………………… von morgen.

## 4 Positiv oder negativ?

Was sind positive Werte für dich? Was siehst du eher negativ? Ordne bitte zu.

e Eifersucht • e Fairness • e Neugier • e Abenteuerlust • e Aggressivität • r Teamgeist • e Toleranz • s Engagement • e Disziplin • e Experimentierfreude • e Selbstständigkeit • s Vorteilsdenken • e Ausdauer • r Forschergeist

| **positiv** ☺ | **eher negativ** ☹ |
|---|---|
| ………………………… | ………………………… |
| ………………………… | ………………………… |
| ………………………… | ………………………… |
| ………………………… | ………………………… |

## 5 Jugend forscht

**a** Lies die Informationen zum Wettbewerb „Jugend forscht". Unterstreich Informationen, die für Jugendliche, die daran teilnehmen wollen, wichtig sind: Wie oft? Wann? Wer? Anmeldung? Kontakte?

Der jährlich stattfindende Wettbewerb „Jugend forscht" ist der größte europäische Jugendwettbewerb im Bereich Naturwissenschaften und Technik. Teilnehmen kann man bis zum Alter von 21 Jahren als Einzelperson, aber auch in Gruppen von bis zu drei Personen. Wer jünger als 15 ist, nimmt in der Sparte „Schüler experimentieren" teil. Anmelden kann man sich in sieben Fachgebieten (Arbeitswelt, Biologie, Chemie, Geo- und Raumwissenschaft, Mathematik / Informatik, Physik, Technik). Es ist sinnvoll, sich für das Projekt einen Betreuungslehrer / eine Betreuungslehrerin zu suchen, der / die das Projekt beratend begleitet.
Anmeldeschluss ist der 30. November; Sprache der Arbeit: Deutsch.

Als Preise gibt es Geldbeträge, Sachpreise, Praktika oder Exkursionen, die von Firmen gesponsert werden. Auch wenn man keinen Preis gewinnt, lohnt die Teilnahme, denn beim Rahmenprogramm kann man viele Kontakte knüpfen.
2005 nahmen 9000 Jugendliche, darunter 38 Prozent Mädchen teil. Die Mehrzahl der Jungforscher wählt später einen Beruf im naturwissenschaftlich-technischen Bereich. Manche machen auch eine wissenschaftliche Karriere.
Weitere Informationen unter: www.jugend-forscht.de

# 27 Zeig dein Talent!

**b** Ein Aushang am Schwarzen Brett eurer Schule soll für die Teilnahme am Wettbewerb werben. Ergänzt bitte den Aushang mit wichtigen Informationen.

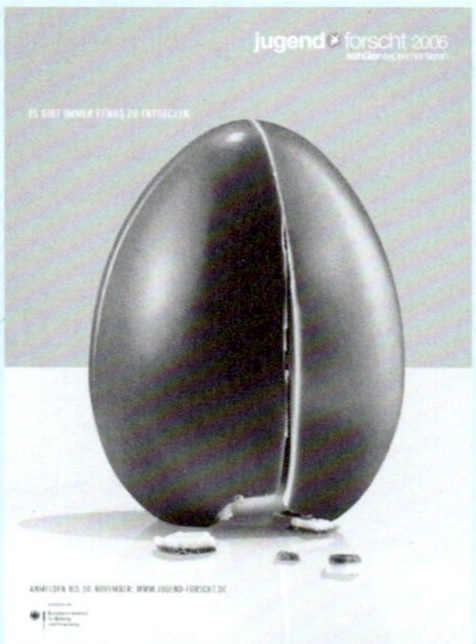

Macht mit bei „Jugend forscht":

★ *größter europäischer Wettbewerb in Naturwissenschaften und Technik*
★ ……………………………………
★ ……………………………………
★ ……………………………………
★ ……………………………………
★ ……………………………………
★ ……………………………………

## 6 Begründungen

KB: 4

**a** Was passt zusammen? Verbinde bitte.

1. Barbara spricht sehr gut Deutsch,
2. Ingo übt jeden Tag Klavier,
3. Beate meldet sich bei „Jugend forscht" an,
4. Romana möchte beim Sportwettbewerb gewinnen,
5. Teo will einmal Chemiker werden,

a) darum geht er in die Chemie-AG.
b) denn sie möchte andere junge Forscher kennen lernen.
c) deshalb macht sie bei der Deutsch-olympiade mit.
d) deswegen trainiert sie so fleißig.
e) weil er bei „Jugend musiziert" mitmachen möchte.

**b** Schreib die Sätze aus **a** in die Tabellen.

**Position**

| | I | II | III | |
|---|---|---|---|---|
| | **Konnektor** | **konjugiertes Verb** | **Subjekt** | |
| | deshalb | | | |
| | darum | | | |
| | deswegen | | | |

| | I | II | III | |
|---|---|---|---|---|
| | **Konnektor** | **Subjekt** | **konjugiertes Verb** | |
| | denn | | | |

| | I | II | | |
|---|---|---|---|---|
| | **Konnektor** | **Subjekt** | | **konjugiertes Verb** |
| | weil | | | |

**Nebensatzklammer**

**c** Ergänze bitte die Regeln.

Nach *deshalb*, *deswegen*, *darum* steht das konjugierte Verb auf Position .......................... .
Nach *denn* steht das konjugierte Verb auf Position .......................... .
.......................... leitet einen Nebensatz ein, das konjugierte Verb steht .......................... .

## 7 Warum? KB: 3/4

Ergänze bitte die Sätze mit persönlichen Begründungen.

1. Entschuldige, aber ich konnte gestern nicht kommen, denn ..........................
2. Es ist schon ziemlich spät, deshalb ..........................
3. Ich möchte jetzt keinen .........................., weil ..........................
4. Morgen habe ich sicherlich keine Zeit, darum ..........................
5. Ich sammle schon lange .........................., deswegen ..........................
6. Ich mag keine .........................., deshalb ..........................
7. Ich trainiere / lerne so viel, weil ..........................
8. Im Fernsehen schaue ich gern .........................., denn ..........................

## 8 Würfelspiel: Was hast du gestern / letzte Woche ... nicht gemacht?

**a** Schreib einen Satz mit einer Negation auf einen Zettel. Sammelt alle Zettel ein.

*Ich konnte dich gestern nicht anrufen.*

*Ich habe letzte Woche nicht trainiert.*

**b** Zieh einen Zettel und würfel einen Konnektor. Formuliere eine Begründung mit deinem Konnektor.

| ⚀ | ⚁ | ⚂ | ⚃ | ⚄ | ⚅ |
|---|---|---|---|---|---|
| weil | deshalb | denn | darum | deswegen | weil |

- *Ich konnte dich gestern nicht anrufen, **weil** ich bis 8 Uhr Orchesterprobe hatte.*
- *Ich konnte dich nicht anrufen, **denn** ich hatte bis 8 Uhr Orchesterprobe.*
- *Ich hatte bis 8 Uhr Orchesterprobe, **deshalb / darum / deswegen** konnte ich dich nicht anrufen.*

# 27 Zeig dein Talent!

## 9 Ein Informationsgespräch ➔ KB: 9

**a** Ordne bitte die Antworten den Fragen zu.

| | | | |
|---|---|---|---|
| **1** | Guten Tag, mein Name ist Helga Baumgart, Sie bieten einen vegetarischen Kochkurs an. Ich möchte wissen, ob noch ein Platz frei ist. | **a** | Familienzentrum, Gisela Kühn. |
| **2** | Oh, schade. Und wie viele Termine habe ich schon verpasst? | **b** | Leider schon zwei. Die Gruppe trifft sich jede zweite Woche am Mittwoch, nächsten Mittwoch haben sie also das dritte Treffen. |
| **3** | Kann ich mich vielleicht doch noch anmelden? | **c** | Tja, ich könnte ja mal mit dem Kursleiter sprechen und Ihnen dann Bescheid geben. |
| **4** | Ja, prima. Könnten Sie mir noch sagen, wo der Kurs stattfindet? | **d** | Einen Augenblick, ich seh' mal nach. Ja, eigentlich haben wir noch freie Plätze, das ist also kein Problem. Der Kurs hat aber schon angefangen, alle Kurse laufen seit Anfang des Monats. |
| **5** | Ich hätte noch eine Frage. Was muss ich mitbringen? | **e** | Nichts. Sie bekommen hier alles, was Sie brauchen. |
| **6** | Vielen Dank für die Informationen, auf Wiederhören. Ich warte dann auf Ihren Rückruf. | **f** | Ja, im Familienzentrum, im Keller, da haben wir eine Küche. Da findet der Kurs statt. |

1 16

**b** Hör das Gespräch und vergleich mit deiner Lösung.

**c** Lies noch einmal und unterstreich die Fragen von Frau Baumgart. Was möchte sie wissen?

Frau Baumgart möchte wissen,

1. *ob* ................................................................................,
2. ................................................................................,
3. ................................................................................,
4. ................................................................................,
5. ................................................................................ .

## 10 Anmeldung zu einem Kurs

1 17

**a** Lies bitte die Anzeige und hör das Telefongespräch. Worum geht es in dem Gespräch?

**Ballett, Hip-Hop und Modern Dance**

Tanzen Sie gern? Jetzt haben Sie die Möglichkeit, auszuprobieren, was Ihnen Spaß macht. Die neuen Frühjahrskurse beginnen.
Für Anfänger und Fortgeschrittene.
Infos unter: www.tanzkammer.de ☎0712/456767

**b** Hör das Gespräch noch einmal und kreuz an.

| | richtig | falsch |
|---|---|---|
| a) Es gibt auch Kurse für reine Anfänger. | ☐ | ☐ |
| b) Das Mindestalter ist 18 Jahre. | ☐ | ☐ |
| c) Jeder Kurs dauert 10 Wochen. | ☐ | ☐ |
| d) Alle Kurse kosten gleich viel. | ☐ | ☐ |
| e) Man kann eine Probestunde nehmen. | ☐ | ☐ |
| f) Man braucht keine spezielle Tanzkleidung. | ☐ | ☐ |

## 11 Im Tandem: Das Leben der Thomaner

➔ **KB:** 10

Karol hat Probleme mit den kleinen Wörtern. Lies bitte und ergänze die E-Mail an seinen österreichischen Freund.

~~mehrere~~ ∘ vielleicht ∘ jeder ∘ lieber ∘ ziemlich ∘ keine ∘ regelmäßig ∘ jeden ∘ mehrere ∘ manchmal ∘ nur ∘ wahrscheinlich ∘ alle ∘ viele ∘ zusammen ∘ ein paar ∘ so

E-MAIL

Lieber Dany,
heute haben wir im Deutschunterricht einen Text über den Thomanerchor in Leipzig gelesen. Ehrlich, so ein Leben im Internat ist nichts für mich! Mehrere Jungen leben ........................ in einem Zimmer. ........................ hat einen Schrank und einen Tisch für sich und es gibt ........................ Regale und Stühle. Es gibt aber ........................ Fernseher oder Computer in den Zimmern, ........................ Radios. ........................ Thomaner besuchen die Thomasschule in Leipzig. Sicher haben sie ........................ Tag ........................ Stunden Musikunterricht. Und ........................ müssen sie abends früh ins Bett! Ist das nicht ein langweiliges Leben? Ach ja, stimmt: Sie machen ........................ Konzertreisen durch Deutschland und ins Ausland. Aber das stelle ich mir ........................ stressig vor. Also, ich lebe ........................ zu Hause, treffe mich ........................ mit meiner Clique und gehe abends ........................ aus. ........................ komme ich ja mal nach Leipzig, dann gehe ich in ein Konzert mit dem Thomanerchor. Die Wiener Sängerknaben sind doch auch ........................ berühmt. Leben die auch im Internat? Erzähl mir mal darüber. Das war's für heute – dein Karol

# 27 Zeig dein Talent!

## 12 Vergleiche: Komparativ und Superlativ als Adjektiv ➔ KB: 11

**a** Lies zuerst die Beispiele.

**Das kennst du schon (➔ Lektion 15)**
Komparativ / Superlativ beim Verb

*Anja läuft schneller als Jutta.*

*Petra läuft am schnellsten.*

**Das ist neu**
Komparativ / Superlativ als Adjektiv beim Nomen:

*Anja ist eine schnellere Läuferin als Jutta.*
*Anja ist die schnellere Läuferin.*
*Petra ist die schnellste Läuferin.*

**b** Ergänze bitte die Endungen.

| | **Komparativ** | **Superlativ** |
|---|---|---|
| **maskulin**<br>der gut**e** Freund<br>ein gut**er** Freund | der besser........ Freund<br>ein besser........ Freund | der best........ Freund |
| **neutral**<br>das schön**e** Konzert<br>ein schön**es** Konzert | das schöner........ Konzert<br>ein schöner........ Konzert | das schönst........ Konzert |
| **feminin**<br>die alt**e** Kirche<br>eine alt**e** Kirche | die älter........ Kirche<br>eine älter........ Kirche | die ältest........ Kirche |
| **Plural**<br>die heiß**en** Rhythmen<br>heiß**e** Rhythmen | die heißer........ Rhythmen<br>heißer........ Rhythmen | die heißest........ Rhythmen |

## 13 Personenraten in der Klasse

Beschreib eine Person mit Komparativ. Die anderen raten. Wer zuerst den richtigen Namen nennt, formuliert das nächste Rätsel.

*Ich sehe eine Person, die längere Haare als … / mehr Geschwister als … / eine kleinere Nase als … hat.*

## 14 Traumstadt, die schönste Stadt von allen

**a** Schreib bitte einen Werbetext für Traumstadt. Ergänze mit passenden Komparativen und Superlativen.

~~schön~~ ○ breit ○ nett ○ toll ○ alt ○ modern ○ groß ○ gut ○ cool ○ interessant ○ romantisch ○ berühmt

Traumstadt ist die schönste ………… Stadt, die ich mir vorstellen kann. Es gibt keine Stadt mit ………… Straßen, ………… Parks, ………… Häusern, ………… Shops, ………… Leuten. Wir haben auch das ………… Schwimmbad, die ………… Kirche, das ………… Museum, das ………… Theater, den ………… Sportplatz. Und die ………… Restaurants gibt es dort auch! Kommt und besucht Traumstadt!

**b** Und wie sieht es in Gruselstadt aus?

*Gruselstadt ist die hässlichste Stadt, die ich mir vorstellen kann. Es gibt keine Stadt mit engeren …*

**c** Schreib einen realistischen Text über deine Stadt / dein Dorf in dein Heft. Verwende Komparative und Superlative.

## 15 Sport in der Zeitung: 29. Januar 2007

**a** Ergänze bitte die Schlagzeilen aus der Zeitung mit den passenden Superlativen.

**Roger Federer: ………… Tennisspieler aller Zeiten?**

(Roger Federer spielte am besten.)

**Renate Götschl: ………… Schifahrerin der Saison!**

(Renate Götschl war am erfolgreichsten.)

**Europameister im Paarlauf: Aljona Sawtschenko und Robin Szolkowy!**
**Die ………… Kür mit den ………… Sprüngen!**

(Die Kür war toll, ihre Sprünge waren am schwierigsten.)

**Michael Uhrman, Weltcup-Sieger: ………… Sprung 140,5 m!**

(Michael Uhrmann sprang 129 und 140,5 m weit.)

**b** Erfinde Superschlagzeilen für dich, deine Freunde, deine Familie, …

*Meine Geburtstagsparty: die wildeste Party in dieser Woche!*

# 27 Meine Grammatik

## Etwas begründen

Ergänze bitte die Sätze. Achte auf die Wortstellung.

*Warum hast du die Hausaufgaben nicht gemacht?*

*Ich / Wir* ……………………

……………………

……………………

Deshalb / Darum / Deswegen

*konnte* ich die Hausaufgaben nicht *machen.*

…………………… *machen.*

……………………

Ich konnte die Hausaufgaben nicht machen,

denn ……………………

weil ……………………

## Komparativ und Superlativ als Adjektiv vor dem Nomen

**a** Ergänze die Komparativ- und Superlativformen. (Du kannst in Band 2 auf Seite 135 bei der Adjektivdeklination nachschlagen.)

| | maskulin | feminin | neutral | Plural |
|---|---|---|---|---|
| **1.** | **bestimmter Artikel + Adjektiv + Nomen** | | | |
| **Nominativ** | der**r** erfolgreichere<br>erfolgreichste<br>Chor | da**s**<br>ältere<br>……………<br>Gymnasium | di**e**<br>……………<br>schönste<br>Stimme | di**e**<br>besseren<br>……………<br>Sänger |
| **Akkusativ** | de**n**<br>erfolgreicheren<br>……………<br>Chor | | | |
| **Dativ** | mit de**m**<br>erfolgreicheren<br>……………<br>Chor | auf de**m**<br>……………<br>……………<br>Gymnasium | mit de**r**<br>schöneren<br>……………<br>Stimme | von de**n**<br>……………<br>……………<br>Sänger**n** |
| **2.** | **unbestimmter Artikel + Adjektiv + Nomen** | | | |
| **Nominativ** | ein<br>erfolgreicherer<br>Chor | ein<br>……………<br>Gymnasium | ein**e**<br>……………<br>Stimme | ……………<br>Sänger |
| **Akkusativ** | ein**en**<br>erfolgreicheren<br>Chor | | | |
| **Dativ** | mit ein**em**<br>……………<br>Chor | auf ein**em**<br>……………<br>Gymnasium | mit ein**er**<br>……………<br>Stimme | von<br>……………<br>Sänger**n** |

**b** Markiere bitte die verschiedenen Endungen mit unterschiedlichen Farben.

# Mein Wortschatz

## Meine Talente

**a** Wo liegen deine Talente? Was kannst du / weißt du besonders gut? Notiere bitte.

**b** Du möchtest dein Können / dein Wissen an andere weitergeben. Gestalte auf einem Blatt Papier einen Aushang für das Schwarze Brett an der Schule.

## Ich stelle mich vor

Schreib bitte einen ähnlichen Text über dich.

*Ich bin Jan,*
*ich gehe in die 10. Klasse.*
*Ich bin nicht sehr groß,*
*eigentlich bin ich der kleinste*
*Junge in der Klasse.*
*Ich habe keine großen Probleme in*
*der Schule, in Sport bin ich sogar der Beste.*
*Ich singe sehr gern.*
*Ich habe zwei jüngere Schwestern.*
*Meine beste Freundin ist Nina.*

*Ich bin* ..............................................................
..............................................................
..............................................................
..............................................................
..............................................................
..............................................................
..............................................................
..............................................................

## Gedächtnistraining

Probier aus, wie viele Wörter du dir mit den verschiedenen Methoden merken kannst.
Welche Methode ist für dich die beste?

**Sehen**
Sieh dir die Bilder 30 Sekunden lang an. Mach dann das Arbeitsbuch zu. Nimm einen Zettel und notiere, was du gesehen hast, auf Deutsch oder in deiner Muttersprache.

**Lesen**
Sieh dir die Wörter 30 Sekunden lang an. Mach dann das Buch zu. Nimm einen Zettel und notiere die Wörter.

| | |
|---|---|
| **Bibliothek** | **unterrichten** |
| **essbar** | **Stube** |
| **forschen** | **Wettkampf** |
| **Chor** | **Fairness** |
| **Pokal** | **freiwillig** |

**Lesen und Schreiben**
Schreib die Wörter auf einen Zettel. Leg den Zettel dann weg. Schreib die Wörter noch einmal auf einen anderen Zettel.

| | |
|---|---|
| **experimentieren** | **Gedächtnis** |
| **Teamgeist** | **Publikum** |
| **giftig** | **Instrument** |
| **Karriere** | **erfinden** |
| **musizieren** | **Epoche** |

# 28 Ohne Musik läuft nix!

## 1 Gemischtes Musikalphabet

KB: 1

Notiere bitte im Alphabet deine Assoziationen auf Deutsch. Ergänze eventuell in deiner Sprache.

A: ……………
B: ……………
C: ……………
D: ……………
E: E-Gitarre
F: ……………
G: ……………
H: ……………
I: ……………
J: ……………
K: ……………
L: ……………
M: ……………
N: ……………
O: ……………
P: ……………
Q: ……………
R: ……………
S: ……………
T: ……………
U: ……………
V: ……………
W: ……………
X: Xylophon

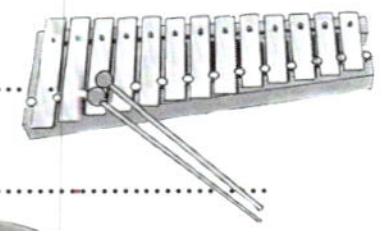

Y: ……………
Z: Ziehharmonika

## 2 Musik besprechen

1 20

**a** Hör noch einmal die Musikstücke aus Übung 1 im Kursbuch. Welche Adjektive passen zu welcher Musik? Notiere bitte.

laut • unruhig • monoton • traurig • leise • schnell • festlich • schwer • nervig • romantisch • leicht • lustig • rockig • langweilig • gut zum Einschlafen • fantasievoll • erholsam • modern • poppig • klassisch • schön zum Tanzen • träumerisch • aggressiv • …

1 ……………

2 ……………

3 ……………

4 ……………

**b** Welches Musikstück gefällt dir besonders gut? Beschreib deinem E-Mail-Partner / deiner E-Mail-Partnerin den Musikstil und begründe deine Wahl.

E-MAIL

Lieb..........

Heute haben wir im Deutschunterricht mehrere Musikstücke gehört. Besonders gut gefallen hat mir ..........

..........

..........

..........

..........

## 3 Fragen und Antworten ➔ KB: 2

Finde die Fragen zu den Antworten.

a) Ja, ich spiele Schlagzeug.

b) Hip-Hop und Rock.

c) „Juli" möchte ich mal live erleben.

d) Ich habe ganz viele Poster und ein T-Shirt von meiner Lieblingsgruppe.

e) Nicht so oft, ich habe leider nicht so viel Geld.

f) Zu Hause, auf dem Schulweg, mit Freunden – einfach immer und überall.

1. a *Spielst du ein (Musik-)Instrument?*
2. b ..........
3. c ..........
4. d ..........
5. e ..........
6. f ..........

## 4 Jugendliche und Musik ➔ KB: 3

Was sagen die Jugendlichen? Ergänze bitte die Sätze. (Vergleich mit Übung 3 b im Kursbuch.)

1. Nadine hört immer Musik, *denn ohne Musik wäre das Leben total öde für sie.*
2. Anke sieht gern Musiksendungen im Fernsehen. Sie ..........
3. Rick hat ein altes Keyboard, aber ..........
4. Nadine hat einen alten Discman. Sie ..........
5. Rick spielt mit seiner Band in einem kleinen Café, aber er möchte gern ..........
   ..........
6. Anke möchte bei einer Castingshow mitmachen, dann ..........
   ..........
7. Rick möchte einen Musikproduzenten treffen, denn ..........
8. Mit einem iPod könnte Nadine laut Musik hören und ..........

## 5 So ist es, aber anders wäre es schöner! ➔ KB: 4

**a** Welche Wünsche haben die Personen? Ergänze bitte die Gedankenblasen.

Ich ........................... lieber eine eigene Rockband!

1 Sie hat Geigenunterricht an der Musikhochschule.

Ich ........................... jetzt lieber im Schwimmbad.

4 Er muss für eine Klassenarbeit lernen.

Ich ........................... gern Millionär. Dann ........................... ich viel Geld!

2 Sie hat zu wenig Taschengeld.

Ich ........................... lieber ein Einzelkind und ........................... schöne, neue Klamotten.

5 Valerie bekommt alles immer von ihrer älteren Schwester.

Wir ........................... gern mehr Zeit füreinander.

3 Sie arbeiten viel. Deshalb sehen sie sich nicht so oft.

Ich ........................... lieber schon zu Hause.

6 Frau Kerler sitzt noch immer im Büro.

**b** Und du? Was wärst du gern? Wo wärst du gern? Was hättest du gern? Schreib deine Wünsche in die Sprechblasen.

...........................................................
...........................................................
...........................................................

...........................................................
...........................................................
...........................................................

...........................................................
...........................................................
...........................................................

## 6 Schilder, Schilder

KB: 5/6

**a** Du machst mit Freunden eine Reise durch DACH. Wo seht ihr diese Schilder? Verbinde bitte. Es gibt mehrere Möglichkeiten.

1

2

3

4

5

6

7

8

| Schild | Wo? | Bedeutung |
|---|---|---|
| 1. | a) In der U-Bahn. | |
| 2. | b) Auf dem Weg zum Zoo. | |
| 3. | c) An der Straßenbahn. | *Kein Eis in der Straßenbahn! / Eis essen verboten!* |
| 4. | d) An einem Fußweg. | |
| 5. | e) In der Konzerthalle. | |
| 6. | f) An einem Fahrradweg. | |
| 7. | g) An einem Brunnen. | |
| 8. | h) An / Auf einer Wiese. | |

**der Brunnen**

**b** Schreib in die rechte Spalte, was die Schilder bedeuten.

## 7 Sprechtraining: Wer oder was ist wo?

1 23

**a** Hör fünf Minidialoge. Verbinde bitte die Satzteile, die zusammengehören.

| | | |
|---|---|---|
| 1. Der Haustürschlüssel ist | draußen | bei den Nachbarn. |
| 2. Das Fahrrad steht | drinnen | unter dem Baum. |
| 3. Die Katze ist | drüben | im Haus. |
| 4. Esther ist | hier | im Garten. |
| 5. Paul ist | dort drüben | direkt neben dir. |

**b** Spielt die Minidialoge.

*Wo ist der Haustürschlüssel?*
*Hier …*
*Wo … ?*
*…*

# 28 Ohne Musik läuft nix!

## 8 Ein neugieriger Nachbar

Ergänze bitte den Dialog mit passenden Lokaladverbien.

1. Na, wo sind denn deine Eltern?

2. Meine Eltern? Die sind da .......................... im Haus.

3. Und wer ist der Mann dort .......................... im Liegestuhl?

4. Der Mann ..........................................? Das ist mein Großvater. Er macht gerade seine Siesta.

5. Ihr habt doch einen Hund, oder? Ich glaub, ich hab ihn .......................... auf der Straße gesehen.

6. Oh, hoffentlich ist er nicht weggelaufen! Ah, da bist du ja, Robinson. Wo kommst du denn ..........................? Komm, wir gehen ...........................

Auf Wiedersehen, Herr …

7. … Vogelsang, ich bin euer neuer Nachbar. Ich wohne da ..........................
Tschüss dann! Und Gruß an deine Eltern!

drinnen • drüben • rein • draußen • her • dort drüben

## 9 rauf und runter, rein und raus

Robinson spielt gern mit Kindern. Welche Sprechblase passt zu welchem Bild?

1. Robinson, komm rauf!

2. Robinson, komm sofort her!

3. Robinson, komm jetzt runter!

4. Robinson, sitz! Setz dich da hin.

5. Robinson, komm jetzt endlich raus!

6. Robinson, komm, spring rüber!

## 10 hin und her / hier und dort

Welches Wort passt? Kreuz bitte an.

| | hier • | • dort | hin •↗ | her •↙ |
|---|---|---|---|---|
| 1. Die Party ist super. Ist Isabel auch …? | X | | | |
| 2. Das ist mein Tagebuch. Gib es sofort wieder …! | | | | |
| 3. Morgen ist ein Konzert von unserer Schulband. Geht ihr …? | | | | |
| 4. Ich komme gerade aus der Disko. … war es mir zu laut. | | | | |
| 5. Nina, komm bitte mal …! | | | | |
| 6. Ich suche die Bibliothek. Wie komme ich da am besten …? | | | | |
| 7. Dein Zimmer ist Chaos pur! Wie's … wieder aussieht! | | | | |
| 8. Manon spricht nicht gut Deutsch. Wo kommt sie denn …? | | | | |
| 9. Warst du schon im neuen Café? Nein, ich war noch nie …. | | | | |
| 10. Wo lauft ihr denn so schnell …? – Nach Hause!!! | | | | |

## 11 da, da, da

Was bedeutet *da* in den Dialogen? Ordne die Bedeutungen bitte zu.

1. Am Telefon:
   - Hallo, Frau Hübner, ist Leo da?
2. 
   - Wo ist der Hausschlüssel?
   - Da liegt er doch! Genau vor deiner Nase!
3. 
   - Seid ihr an Ostern zu Hause? Können wir euch da mal besuchen?
4. 
   - Gehst du auch mit ins Silbermond-Konzert?
   - Nein, da sind mir zu viele Leute.
5. 
   - Kann ich morgen mal vorbeikommen? So um 5 Uhr?
   - Nein, da bin ich noch im Klavierunterricht.

**Bedeutungen**
a) dann
b) dort
c) zu Hause
d) hier

## 12 Musikerkarrieren: Zahlen und Fakten

→ **KB:** 7

Ergänze bitte die Informationen mit den richtigen Zahlenangaben.

Am 8. Juni 1982 ○ Über 100.000 Stück ○ 1998 ○ Im Jahr 1993 ○ 2005 ○ Im Jahr 2003 ○ Seit 2006 ○ Am 5. Januar 1968 ○ aus dem Jahr 2004 ○ In den 1990er-Jahren

**Christina Stürmer**

1. ........................................ ist Christina Stürmer in einem kleinen Ort bei Linz geboren.
2. ........................................ nahm sie an der österreichischen Castingshow „Starmania" teil.
3. ........................................ verkaufte sie von ihrer CD „Freier Fall".

**Silbermond**

1. ........................................ haben sich die Mitglieder der Gruppe Silbermond kennen gelernt.
2. „Symphonie", ........................................, war ihr erster Hit.
3. ........................................ bekamen Sie den Musikpreis COMET.

**DJ Bobo**

1. ............................ ist er im Kanton Aargau in der Schweiz geboren.
2. ............................ kam er fast in ganz Europa auf die Top-Ten-Liste.
3. ............................ feierte er Riesenerfolge mit seinen Live-Shows.
4. ............................ engagiert er sich als Botschafter gegen den Hunger in der Welt.

**Denk dran!** – Zeitangaben:

| | |
|---|---|
| am 1. (ersten) Januar | im Januar |
| im Jahr 2001 | 2001 |

## 13 Deine persönliche Karriere: Zahlen und Fakten

Schreib deine Biografie mit den wichtigsten Jahreszahlen in dein Heft.

*Ich bin am … in … geboren.*

## 14 Das würden sie lieber machen! KB: 8

**a** Was würden die Fans lieber machen? Schreib die Sätze weiter. Achte auf die richtige Form von *würde*.

den Abend mit Udo Jürgens verbringen • mal live erleben • ~~persönlich mit ihm / ihr sprechen~~ • tanzen und laut mitsingen • ihn küssen • auch zu Fuß gehen • in der 1. Reihe sitzen

1. Ich höre ein Interview mit meinem Star, *aber ich würde lieber persönlich mit ihm / ihr sprechen.*
2. Du gibst deinem Lieblingsstar die Hand, aber du ............................
3. René fährt mit dem Zug zu allen Konzerten, aber ............................
4. Frau Wiedmer-Riechert ist allein zu Hause, sie ............................
5. Wir sitzen ganz hinten in der Konzerthalle, aber ............................
6. Ihr sitzt ja so brav auf euren Plätzen, ich weiß, ............................
7. Jasmin und Karim haben zwar DVDs von ihrer Lieblingsband, aber sie ............................
............................

**b** Unterstreich bitte die Verbformen *würde* + Infinitiv.

## 15 Die Popakademie KB: 11

1 27

Im Radio hörst du eine Kurzinformation über die Popakademie. Doch es gibt fünf Fehler. Notiere die Fehler auf einem Zettel und ergänze dann bitte die Sätze.

1. Die erste Popakademie in Deutschland steht in ............................ und nicht in ............................ .
2. Es gibt ............................ und nicht ............................ Studiengänge.
3. Die Studierenden schließen mit dem Titel ............................ und nicht mit ............................ ab.
4. Das Studium kostet ............................ und nicht ............................ Euro pro Semester.
5. Xavier Naidoo ist ............................ und nicht ............................ der Popakademie.

## 16 Schon gemacht? – Noch nie erlebt! – Nie wieder! KB: 12

Ergänze bitte die Ausdrücke.

schon = *früher als erwartet*
noch ein.. / mehr / etwas / jemand.. = *zusätzlich* ↔ kein.. / nie / nichts / niemand.. mehr
noch nicht / noch nie = *das Erwartete ist bisher nicht passiert*

| | |
|---|---|
| 1. Warst du schon (ein)mal bei einer Castingshow? | Leider nein, ich war noch nie …… dabei. |
| 2. Singst du noch ein Lied für uns? | Nein, ich möchte kein …… Lied …… singen. |
| 3. Gehst du …… einmal zu einem Konzert von dieser Rockband? | Nein, diese schreckliche Rockband will ich nie mehr erleben! |
| 4. Möchtest du heute noch jemand(en) live erleben? | Ich glaube, es ist genug. Heute möchte ich …… mehr sehen. |
| 5. Musst du schon nach Hause gehen? | Nein, nein, ich muss …… nicht nach Hause gehen. |
| 6. Hast du deinen Lieblingsstar schon …… live erlebt? | Nein leider, ich habe meinen Lieblingsstar noch nie live erlebt. |
| 7. Möchtest du noch etwas hören? | Nein, ich möchte nichts …… hören. |
| 8. Würdest du wieder in der Karaoke-Bar singen? | Oh nein. Dort möchte ich nie …… singen. |

## 17 Im Chat: Popakademie – Top oder Flop? KB: 11 und 13

Wie wird die Diskussion eingeleitet? Wie werden Argumente eingeleitet und ausgetauscht. Markiere bitte die Ausdrücke.

| | |
|---|---|
| **Popstar** Do, 10.05. 22.15 | Hi, ich hab schon einiges von der Popakademie Mannheim erfahren und würde gern mal mit euch darüber diskutieren. Ich überlege, ob ich mich da bewerben soll. Ich spiele seit 12 Jahren Keyboard, hab eine Band, produziere ein bisschen und will unbedingt Profimusikerin werden. |
| **DJ Suzie** Do, 10.05. 22.42 | Hallo Popstar, ich hab Verschiedenes über die Pop-Aka gehört. Ein großer Vorteil ist, dass es coole Projekte für Bands und junge Musiker gibt, ein Nachteil ist aber, dass dort viele uralte Dozenten unterrichten. Die Business-Themen klingen öd, aber die bringen dir bestimmt später Vorteile bei deiner Karriere. |
| **Musikprofi** Fr, 11.05. 20.54 | Hallo zusammen, es ist richtig, dass es eine Menge „uralte" Dozenten gibt, aber die waren oder sind noch immer mega-erfolgreich. Da kannst du bestimmt viel lernen! |
| **Rap-Girl** Fr, 11.05. 21.27 | Ich glaube nicht, dass du viel lernen kannst!! Für mich gilt: Pop-Aka = Schule für Pophühner!! Ich bin total dagegen. |
| **DJ Suzie** Fr, 11.05. 22.35 | Ich bin ja eigentlich auch recht kritisch, aber ich denke, dass man viel lernen kann, auch wenn man kein Pophuhn ist. Besonders gut finde ich, dass Mannheim eine total vitale Musikszene mit vielen coolen Leuten hat. |
| **Musikprofi** Fr, 11.05. 22.54 | Hi, noch einmal, ich denke auch, dass in Mannheim Musik eine große Rolle spielt und die Absolventen der Akademie sind doch recht bekannt. |

# 28 Meine Grammatik

Ich wäre gern schon 16. Dann hätte ich ein Moped und würde den ganzen Tag hin- und herfahren.

Ich wäre gern schon 16. Dann hätte ich ein Moped und würde den ganzen Tag hin- und herfahren.

## Konjunktiv für Wünsche, Träume, Hoffnungen

**a** *hätte / wäre*: Ergänze bitte die Tabelle.

| | ich bin ➔ war ➔ **wäre** | ich habe ➔ hatte ➔ **hätte** |
|---|---|---|
| ich | wäre gern ............ | und hätte gern ............ |
| du | wär(e)st gern ............ | und ............ |
| er / es / sie | ............ | und hätte ............ |
| wir | wären gern ............ | ............ |
| ihr | wär(e)t ............ | und hättet gern ............ |
| sie / Sie | ............ | ............ |

1. und 3. Person sind gleich.

**b** *würde* + Infinitiv: Ergänze bitte die Tabelle.

Konjunktiv mit *würde*: Bei allen Verben außer bei *haben*, *sein* und den Modalverben bildest du den Konjunktiv mit *würde*.

| | | **würde** | + | **Infinitiv** |
|---|---|---|---|---|
| **Aussagesatz:** | Ihr | würdet | am Samstag gern in die Disko | ............ |
| | ............ | würde | ............ | ............ |

| | | | | |
|---|---|---|---|---|
| **W-Frage:** | Mit wem | würdest | du gern einmal | ............ ? |
| | ............ | ............ | ............ | ............ |

| | | | |
|---|---|---|---|
| **Ja/Nein-Frage** | Würden | Sie gern | fliegen? |
| | ............ | ............ mit mir | ............ ? |

## hin und her, rauf und runter, rein und raus

Schreib bitte das passende Wort in die Zeichnung oder zeichne das Symbol.

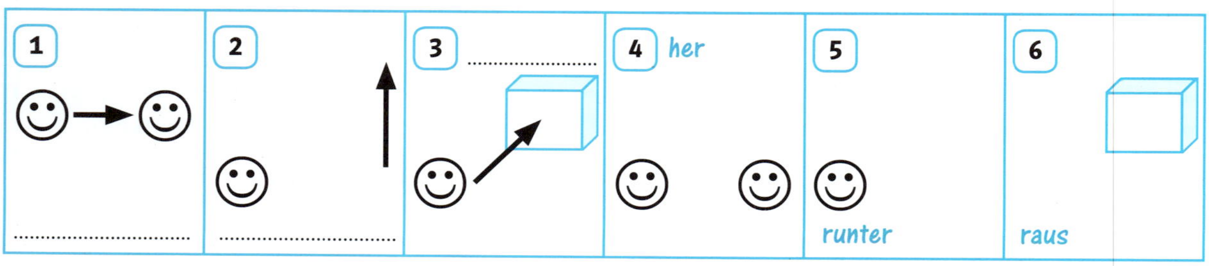

# Mein Wortschatz

### Wie gut kennst du deinen Partner / deine Partnerin?

**a** Kreuz bitte an, was auf ihn / sie zutrifft oder ergänze mit einem weiteren Punkt.

**A** Für ein Gratis-Konzertticket würde er / sie
- ☐ (fast) alles machen.
- ☐ vor der Kasse übernachten.
- ☐ freundlich danken.
- ..........................................

**B** Mit einem Lottogewinn von 500 Euro würde er / sie
- ☐ Klamotten kaufen.
- ☐ eine Reise machen.
- ☐ das Sparschwein füttern.
- ..........................................

**C** In den Ferien würde er / sie am liebsten
- ☐ mit Freunden verreisen.
- ☐ zu Hause bleiben.
- ☐ viel Sport machen.
- ..........................................

**D** Um sein / ihr Deutsch zu verbessern, würde er / sie
- ☐ die „Deutsche Welle" hören.
- ☐ jeden Tag Vokabeln lernen.
- ☐ Freunde in DACH suchen.
- ..........................................

**E** An einem Regensonntag würde er / sie
- ☐ sich mit Freunden treffen.
- ☐ den ganzen Tag lernen.
- ☐ im Bett bleiben und ...?
- ..........................................

**F** Um mir zu gefallen, würde er / sie
- ☐ gar nichts machen.
- ☐ richtig cool sein.
- ☐ mich ins Kino einladen.
- ..........................................

**b** Besprecht bitte eure Antworten.

### Deine Wünsche und Träume

Ergänze bitte die Sätze.

Ich bin .............................................., aber ich wäre gern ..............................................

Ich habe .............................................., aber ich ..............................................

### Keine Lust!

Wozu hast du normalerweise keine Lust? Was würdest du lieber machen?

*Ich habe keine Lust, mein Zimmer aufzuräumen, ich würde lieber* ..............................................

..............................................

### Schon mal gemacht oder noch nie?

Frag deinen Partner / deine Partnerin. Erzählt euch gegenseitig die Geschichten.

*Hast du schon einmal Schnecken gegessen?*

*Bist du schon einmal mit einem Hubschrauber geflogen?*

*Bist du schon mal Bester gewesen?*

*Hast du schon mal einen Preis gewonnen?*

*Hast du schon mal eine peinliche Situation erlebt?*

*Hast du schon mal auf Deutsch telefoniert?*

*Hast du dir schon einmal ein Bein gebrochen?*

### Musikwörter

Wähl zehn Wörter mit *Musik-* / *-musik* aus der Lektion und schreib sie mit dem Artikel in dein Heft.

*r Musikstil, e Volksmusik, ...*

# Meilenstein 14

Von den schneebedeckten Bergen bei Davos geht es jetzt in den Süden, nach Lugano in der italienischen Schweiz. Zeichne deinen Weg auf der Landkarte auf Seite 4 ein und sammle Meilensteine.

## 1 Ich kann meine Wünsche und Träume ausdrücken.

Formuliere bitte die Antworten auf die Interviewfrage.

Hallo, ihr vier! Ich mache ein Interview für die Schülerzeitung: Habt ihr besondere Wünsche und Träume?

mehr Zeit für meine Hobbys

1. ................................................................
................................................................

im Thomanerchor mitsingen und in einem Internat leben

2. ................................................................
................................................................
................................................................

Schulsprecherin

3. ................................................................
................................................................

......... /4

## 2 Ich kann einem Gespräch wichtige Informationen entnehmen.

1 29

Hör das Gespräch zwischen Jenny und Per. Für welches Angebot entscheiden sie sich? Warum?

**Kung-Fu und Tai-Chi**
Möchtest du asiatische Kampfsportarten kennen lernen? Bob (17) und Gerd (18) bieten Schnupperkurse für interessierte Schülerinnen und Schüler an. Am Freitag von 19.00–20.00 Uhr im Jugendzentrum.
☎ 07144/882005

**Italienisch**
Romanistik-Studentin (5 Jahre in Rom gelebt) gibt Konversationsstunden. Kein Stress, kein Prüfungsdruck, nur lockere Gespräche bei einem Latte macchiato.
Termine nach Absprache.
nina@gmail.de

**Spieletreff am Freitag**
Jeden zweiten Freitagabend treffen wir uns im Klubraum der evangelischen Kirche zum Spielen: Karten, Brettspiele, Würfelspiele **– wir testen jedes neue Spiel!**
www.spieletreff.com
☎ 0711/364117

Jenny ................................................................, denn ................................................................
Per ................................................................, weil ................................................................

...... /6

## 3 Ich kann mich telefonisch über einen Kurs informieren.

Wie erkundigst du dich höflich? Ergänze bitte die Sätze.

1. Guten Tag, ................................................................ den Tischtenniskurs informieren.
2. ................................................................ sagen, wann der Kurs stattfindet?
3. ................................................................, ob auch Anfänger teilnehmen können.
4. ................................................................ eine Frage: Muss man Schläger und Bälle selbst mitbringen?

...... /8

## 4 Ich kann eine Aktionsausschreibung verstehen.

Welche Aussagen sind richtig, welche sind falsch? Kreuz bitte an.

*Break the silence*, der Jugendschwerpunkt von „Ärzte ohne Grenzen Österreich“, geht weiter! Engagierte Menschen zwischen 10 und 19 Jahren sind auch dieses Jahr wieder eingeladen, auf vergessenes, humanitäres, medizinisches Leid öffentlich aufmerksam zu machen.
Beim Schulfest, beim Tag der offenen Tür, auf dem Wochenmarkt im Ort. Der Kreativität sind keine Grenzen gesetzt. Mit Engagement und Eigeninitiative kann jeder von uns helfen.
Kostenlose Folder und Plakate werden zur Verfügung gestellt.
Informationen auf www.breakthesilence.at

| | richtig | falsch |
|---|---|---|
| 1. *Break the silence* ist eine Initiative von „Ärzte ohne Grenzen“. | ☐ | ☐ |
| 2. Die Aktion wendet sich an österreichische Jugendliche. | ☐ | ☐ |
| 3. Die Aktion findet dieses Jahr zum ersten Mal statt. | ☐ | ☐ |
| 4. Die Jugendlichen sollen über medizinische Probleme nachdenken. | ☐ | ☐ |
| 5. Die Jugendlichen sollen andere Menschen auf medizinische Probleme in der Welt aufmerksam machen. | ☐ | ☐ |
| 6. Die Beiträge sollen kreativ sein. | ☐ | ☐ |

........ / 6

## 5 Ich kenne Ausdrücke aus dem Wortfeld „Wettbewerb“.

Ergänze bitte mit vier verschiedenen Verben in der richtigen Form.

Eneis hat an einem Musikwettbewerb ........................ und einen Preis ........................ .
Auch beim Tennisturnier ist er Erster ........................ und hat eine Medaille ........................ .

........ / 2

## 6 Ich kann Vergleiche formulieren.

Ergänze bitte mit Komparativ- und Superlativformen.

Unsere Nachbarn sind die ........................ Nachbarn, die man sich vorstellen kann. (nett)
Ihre Kinder sind ........................ und ........................ als alle anderen. (freundlich, höflich)
Sie haben den ........................ und ........................ Garten weit und breit. (schön, groß)
Und sie haben die ........................ Kontakte zu allen anderen Nachbarn. (gut)
Mit ihrem Hundebaby spiele ich gern. Ein ........................ Hundebaby gibt es nicht! (süß)

........ / 7

## 7 Ich kann verschiedene Lokaladverbien richtig verwenden.

Ergänze bitte *her / hin, rein / raus, drinnen / draußen.*

● Bis gleich! ● Wo gehst du denn ........................? ● Ich gehe ........................ in den Garten.
● Und was machst du da ........................? ● Ich hole die Kinder ........................ . Die sind jetzt schon so lange ........................, sie müssen sich jetzt mal ........................ aufwärmen. Dann können sie wieder ........................ und weiterspielen.

........ / 7

**Wie viele Meilen hast du gesammelt?**
**Bis 20 Meilen:** Einige Meilen hast du ja geschafft! Erhol dich unter Palmen im Ciano-Park am Luganer See. Dann musst du leider die Lektionen 27 und 28 wiederholen.
**21–30 Meilen:** Gute Leistung! Du kannst wählen zwischen einem Besuch im Schokolademuseum Alprose und einem Besuch im Freilichtmuseum „Swissminiatur“. Dort kannst du in die bekanntesten Gebäude der Schweiz im Miniaturformat hineinspazieren.
**31–40 Meilen:** Einfach Spitze! Deshalb fährst du jetzt mit der Seilbahn hoch hinauf auf den Monte San Salvatore. Von dort hast du einen herrlichen Ausblick auf den Luganer See, die Poebene und die Alpen.

........ / 40

# 29 Ich habe eine Idee!

## 1 Wo kann man sich engagieren? ➔ KB: 2

**a** Im Buchstabenquadrat sind elf Wörter versteckt. Findest du sie?

| | | | | | | | | | | | | | |
|---|---|---|---|---|---|---|---|---|---|---|---|---|---|
| J | I | L | A | F | R | U | G | K | I | R | C | H | E |
| U | E | V | H | I | E | H | U | H | E | O | H | E | N |
| G | G | E | M | E | I | N | D | E | B | T | O | T | A |
| E | U | R | O | G | T | A | F | F | L | E | R | Z | N |
| N | F | E | U | E | R | W | E | H | R | S | S | Y | N |
| D | Ü | I | P | S | C | H | R | O | X | K | E | M | S |
| K | R | N | T | T | Ä | P | A | P | A | R | T | E | I |
| L | O | H | R | G | R | E | E | N | P | E | A | C | E |
| U | H | S | C | H | U | L | E | G | A | U | O | F | E |
| B | A | C | I | A | H | A | I | O | D | Z | H | J | N |
| G | E | W | E | R | K | S | C | H | A | F | T | Q | S |

**b** Ergänze bitte mit den Wörtern, die du gefunden hast.

Man kann sich zum Beispiel ...

in der ................................,
in der ................................,
in der ................................,
in der ................................,
in einer ................................,

in einem ................................,
in einem ................................,
in einem ................................,

bei der ................................ ..........,
beim ................................
oder bei ................................ ..........

... engagieren.

## 2 Was machen sie? ➔ KB: 3

Lies bitte noch einmal die Meinungen der Jugendlichen und ergänze die Sätze.

etwas Sinnvolles machen ∘ sich engagieren ∘ bei etwas mitmachen ∘ nichts machen ∘ bei etwas mithelfen

1. Tamara ................................ Gemeindearbeit ................................ und organisiert Basare.
2. Peter hätte Lust, ................................, aber er weiß nicht was.
3. Marie ................................ im Musikverein.
4. Sven ................................, aber wenn er älter ist, will er vielleicht ................................ Roten Kreuz ................................ .

## 3 Die ganze Klasse engagiert sich ➔ KB: 4

**a** Wem könntet ihr helfen? Wen könntet ihr unterstützen?
Diskutiert verschiedene Möglichkeiten und entscheidet euch in der Gruppe.

Ihr könntet …
- die Gemeinde beim Stadtfest unterstützen.
- alten Leuten beim Einkaufen helfen.
- jüngere Schüler bei den Hausaufgaben unterstützen.
- den Mitarbeitern im Tierheim helfen.
- dem Roten Kreuz bei der Kleidersammlung helfen.
- …

| Vorschläge machen | zustimmen | ablehnen |
|---|---|---|
| Wir könnten …<br>Wir sollten …<br>Es wäre sinnvoll, wenn …<br>Ich habe eine Idee: … | Ich bin dafür, denn / weil …<br>Das ist auch meine Meinung.<br>Das finde ich prima.<br>Ja, das ist eine gute Idee.<br>Okay, super, das machen wir. | Ich bin dagegen, denn / weil …<br>Ich bin anderer Meinung.<br>Das finde ich gar nicht gut.<br>Das ist doch blöd / sinnlos …<br>Da mache ich nicht mit! |

**b** Präsentiert und begründet eure Entscheidung in der Klasse.

## 4 Pläne für die Bücherei ➔ KB: 5

**a** Ergänze bitte die Sätze mit den passenden Verben.

zu katalogisieren ○ einzurichten ○ zu eröffnen ○ zu kaufen ○ zu bekommen ○ zu überzeugen ○ zu streichen ○ auszuleihen

1. Die Schüler haben vor, die Bücherei neu ............................................. .
2. Sie versuchen zuerst, den Schuldirektor ............................................. .
3. Sie planen auch, die Bücher neu ............................................., dann können sie sie schneller finden.
4. Sie versuchen, mit Hilfe von Sponsoren neue Bücher ............................................. .
5. Sie haben natürlich nicht vor, ein neues Gebäude ............................................., weil das zu teuer wäre.
6. Sie haben schon angefangen, die Wände ............................................. .
7. Sie planen, die Bücherei noch vor Weihnachten ............................................. und die neuen Bücher über die Weihnachtsferien ............................................. .

**b** Schreib bitte die Verbformen *zu* + Infinitiv in die Tabelle. Ergänze dann die Regel.

| zu .............................. | ..................zu.................. |
|---|---|
| *zu überzeugen,* .............................. | .............................. |
| .............................. | .............................. |
| .............................. | .............................. |
| .............................. | .............................. |

*zu* steht meistens vor dem Verb, bei .............................. Verben steht *zu* .............................. dem Präfix und dem Verb.

# 29 Ich habe eine Idee!

## 5 Er hat versprochen zu kommen!

Ergänze bitte die Sätze.

1. Ich habe versucht, Susanne .................................... (anrufen)
2. Wir haben vor, unsere Wohnung ganz neu .................................... (einrichten)
3. Sie haben versprochen, eine Geschichte .................................... (erzählen)
4. Ich habe schon lange geplant, euch in eurem neuen Haus .................................... (besuchen)
5. Hör endlich auf .................................... (reden)
6. Ich habe schon angefangen, den Text .................................... (abschreiben)
7. Ich habe vergessen, die Aufgabe .................................... (lösen)
8. Versprich mir ....................................! (wiederkommen)

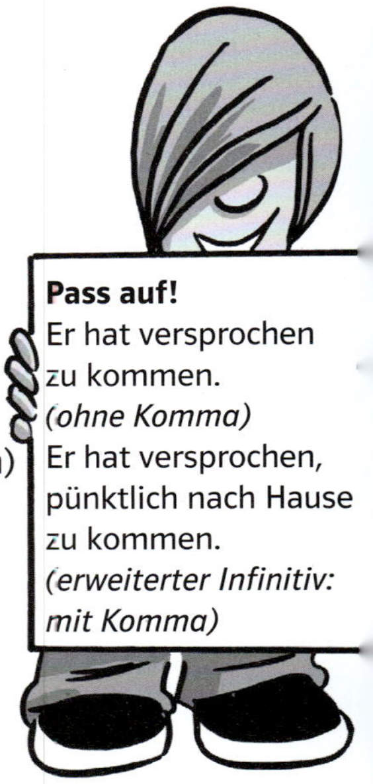


## 6 Ab morgen wird alles anders

**a** Du hast gute Vorsätze. Schreib die Sätze bitte weiter.

1. Ich habe schon lange vor, ....................................
2. Meinen Eltern habe ich versprochen, ....................................
3. Ich habe mich auch verpflichtet, ....................................
4. Ich versuche immer wieder, ....................................
5. Morgen fange ich wirklich an, ....................................
6. Nächste Woche höre ich dann endlich auf, ....................................

**b** Notiere Verben, die *zu* + Infinitiv haben (Aufgaben 5 und 6).

versuchen zu, ....................................

....................................

| | |
|---|---|
| *Ich habe angefangen, etwas zu machen:* | Ich habe angefangen, den Aufsatz zu schreiben. |
| *Ich habe etwas angefangen:* | Ich habe den Aufsatz angefangen. |
| *Ich plane, etwas zu machen:* | Ich plane, durch Europa zu reisen. |
| *Ich plane etwas:* | Ich plane eine Reise. |

## 7 Petras gute Vorsätze

**a** Hör, was Petra sagt. Welche Aussage stimmt? Kreuz bitte an.

| | richtig | falsch | Korrektur |
|---|---|---|---|
| 1. Petra will gesünder leben. | ☐ | ☐ | .................................... |
| 2. Sie will mehr Obst und Gemüse essen. | ☐ | ☐ | .................................... |
| 3. Sie will weniger rauchen. | ☐ | ☐ | .................................... |
| 4. Sie will weniger Sport machen. | ☐ | ☐ | .................................... |

| | richtig | falsch | Korrektur |
|---|---|---|---|
| 5. Sie will weniger Kaffee trinken. | ☐ | ☐ | ..................... |
| 6. Sie will morgens länger im Bett liegen bleiben. | ☐ | ☐ | ..................... |
| 7. Sie will nicht mehr so früh aufstehen. | ☐ | ☐ | ..................... |
| 8. Sie will nie mehr ins Büro gehen. | ☐ | ☐ | ..................... |
| 9. Und sie will endlich mehr Geld ausgeben. | ☐ | ☐ | ..................... |

**b** Hört bitte noch einmal, was Petra sagt, und korrigiert die falschen Aussagen.

## 8 Infinitiv mit oder ohne *zu*?

**a** Bilde aus den Satzteilen Sätze.
Es gibt mehrere Möglichkeiten.

| | | *zu?* | |
|---|---|---|---|
| Gehst du | bei den Hausaufgaben | | lachen! |
| Möchtest du auch | Saxofon | | liegen? |
| Hör endlich auf | auch so gern im Bett | | shoppen? |
| Könntest du mir | Anna | | fahren? |
| Planst du auch | mit mir | | spielen? |
| Bleibst du morgens | im Sommer in die Berge | | besuchen? |
| Ich verspreche dir | so laut | | anrufen. |
| Lernst du auch | dich heute Abend | | helfen? |

**b** Schreib die Sätze bitte in dein Heft.

## 9 Ein Brief an den Klett-Verlag in Stuttgart

➔ KB: 7

Ihr plant, in der Schulbibliothek eine „deutschsprachige Ecke" einzurichten. Schreibt an den Klett-Verlag und bittet um eine Bücherspende aus einer Lektürereihe für Jugendliche. Benutzt und adaptiert die Textbausteine. Vergesst Datum, Adresse (Internet!) und Absender nicht.

- deutschsprachige Leseecke in unserer Schulbibliothek
- bitten um eine Bücherspende
- in Ihrem Verlagsprogramm gibt es
- unser / e Deutschlehrer / in hat uns gesagt, ...
- würden uns sehr freuen
- Lektürereihe für Jugendliche, die Deutsch lernen
- wir sind die Klasse
- wir können besser Deutsch lernen
- Sehr geehrte Damen und Herren,
- Mit freundlichen Grüßen

# 29 Ich habe eine Idee!

## 10 Ein Geschichtsprojekt KB: 8

**a** Seht euch das Bild an und diskutiert: Was könnte das sein?

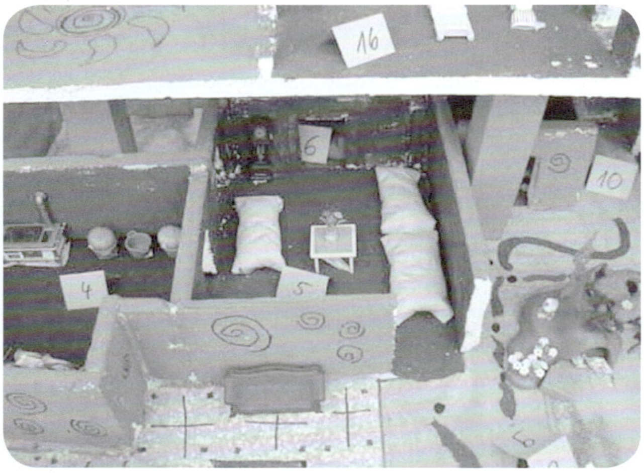


**Vermutungen**
Das könnte … sein.
Ich glaube, das ist …
Das ist wahrscheinlich …
Auf dem Bild sieht man …
Vielleicht ist das …

**b** Im Gymnasium in Papenburg haben Schüler ein Geschichtsprojekt durchgeführt.
Der Projektbericht ist durcheinandergeraten. Ordnet den Bericht und markiert die Textteile, die euch dabei helfen, farbig.

### Projektbericht

| | | |
|---|---|---|
| a) | In unserer Schule gibt es jedes Jahr ein Geschichtsprojekt. | 1 |
| b) | und danach die Ergebnisse ausgewertet. Dabei haben wir uns auf tägliche Gebrauchsgegenstände, Wohnen und Unterhaltung, Essen und Arbeit konzentriert. | |
| c) | Von Anfang an hatten wir auch vor, die Ergebnisse in der Schule vorzustellen. | |
| d) | Dieses Jahr hat unsere Klasse zum Thema Römer gearbeitet, und zwar sollten wir Informationen zum Alltagsleben der Römer zusammenstellen. In mehreren Gruppen haben wir zunächst einmal recherchiert | |
| e) | Bei dieser Arbeit haben wir aber nicht nur viel über die Römer erfahren, sondern auch wichtige Erfahrungen in der Gruppenarbeit gemacht, zum Beispiel wie man gut im Team arbeitet und Aufgaben verteilt. | |
| f) | Deshalb haben wir vor den Sommerferien im Foyer der Schule eine Ausstellung gemacht, zu der wir die anderen Schüler und Eltern eingeladen haben. | |
| g) | Jede Gruppe hat zum Schluss ihre wichtigsten Ergebnisse auf einem Plakat zusammengefasst und den anderen Gruppen präsentiert. | |
| h) | Besonderes gefallen hat uns das Modell eines Wohnhauses von reichen Römern, das eine Gruppe liebevoll aus Styropor gebaut hat. | |

## 11 Sprechtraining: noch mehr schwache Endungen KB: 9

**a** Hör bitte zu und sprich leise mit.

*Das war eine tolle Idee. Endlich haben wir eine neue Bücherei,*
*schöne, helle, große Räume, saubere Regale, viele neue Bücher,*
*neue, moderne Computer, eine ruhige Leseecke und mehrere Arbeitsplätze.*
*Leider aber ist unsere Schule immer noch dieselbe alte Schule!*

**b** Markiere die schwachen Endungen.

## 12 Am Abend zu Hause KB: 13

**a** Die Eltern von Bernd und Tina haben viele Fragen. Ergänze bitte die Sätze.

**Tinas Eltern**

1. Fandest du es interessant, an diesem Projekt ..............................? (mitarbeiten)
2. War es anstrengend, den Friedhof ..............................? (säubern)
3. Fandest du es hart, drei Tage auf einem Friedhof ..............................? (verbringen)
4. Es war doch sicher ein gutes Gefühl, etwas Sinnvolles .............................. ? (machen)

**Bernds Eltern**

1. War es schwierig für dich, mit anderen ..............................? (zusammenarbeiten)
2. Hattest du Lust, ein Theaterstück im Altenheim ..............................? (aufführen)
3. Hat es dir Spaß gemacht, alten Menschen eine Freude ..............................? (machen)
4. Es war doch sicher wichtig für dich, etwas Sinnvolles ..............................? (erleben)

**b** Beschreib Tinas und Bernds Erfahrungen.

**Tina** fand es interessant, ..............................

Aber..............................

..............................

..............................

..............................

Für **Bernd** war es nicht leicht, ..............................

Aber ..............................

..............................

..............................

..............................

# 29 Ich habe eine Idee!

## 13 Was findest du toll oder anstrengend? KB: 13

**a** Schreib die Sätze weiter. Verwende die Konstruktion *zu* + Infinitiv.

Es ist toll, ..........

Ich finde, es ist anstrengend, ..........

Ich habe keine Schwierigkeiten, ..........

Ich habe oft Lust, ..........

Ich finde es interessant, ..........

Es macht mir Spaß, ..........

Es ist leicht, ..........

**b** Lies deine Sätze vor und vergleicht in der Klasse.

## 14 Ina erzählt: Mein freiwilliges ökologisches Jahr

Schreib bitte das passende Wort in die Lücken.

Ich bin 22 Jahre alt, und ich hatte nach dem Abitur irgendwie keine, (1) .........., was ich machen soll. Und dann hat mir jemand vom (2) .......... ökologischen Jahr erzählt. So habe ich mich gemeldet, und ich habe das Jahr in einer biologischen Station (3) ........... Ich habe dabei wirklich viel gelernt. Das (4) .......... war sehr abwechslungsreich, manchmal musste ich in Naturschutzgebieten seltene Pflanzen (5) .........., manchmal im Büro (6) .......... oder die Station für die Waldjugendspiele (7) ........... Da hat man dann Kinder als Flora-Detektive in den Wald geschickt und sie mussten ungewöhnliche Pflanzen (8) ...........

Das Interessanteste aber war die Arbeit mit den Schafen. Zwei Monate lang habe ich einen Schäfer mit 200 Schafen begleitet. Das war eine wichtige (9) .......... für mich. Am Ende hat er mich gefragt, ob ich Schäferin werden will. Aber der Job ist (10) .......... als die romantischen Bilder, die man im Kopf hat, und ich habe Nein gesagt.

| | | | | | | | | | |
|---|---|---|---|---|---|---|---|---|---|
| 1 | Traum<br>Idee<br>Plan | 2 | freiwilligen<br>freien<br>aktuellen | 3 | gebracht<br>gebraucht<br>verbracht | 4 | Anzeige<br>Angebot<br>Aktion | 5 | zählen<br>zahlen<br>bezahlen |
| 6 | machen<br>arbeiten<br>tun | 7 | vorbereiten<br>absolvieren<br>veranstalten | 8 | erfinden<br>forschen<br>finden | 9 | Erfahrung<br>Erlebnis<br>Ergebnis | 10 | besser<br>härter<br>interessanter |

## 15 Wörter zum Thema „Engagement" KB: Lektion 29

**a** Notiere bitte Wörter zu den Wortfeldern.

Menschen in der Gesellschaft, die Hilfe brauchen
- Flüchtlinge

gemeinnützige Projekte
- Abenteuerspielplatz anlegen

Organisationen, bei denen man sich engagieren kann
- Musikverein

**b** Welche Nomen und Verben passen zusammen? Verbinde bitte. Es gibt mehrere Möglichkeiten.

| | |
|---|---|
| 1. ein Projekt | a) mitarbeiten |
| 2. Spenden | b) recherchieren |
| 3. eine Idee | c) organisieren |
| 4. etwas Sinnvolles | d) veranstalten |
| 5. Erfahrungen | e) unterstützen |
| 6. ein Konzert | f) machen |
| 7. bei einer Hilfsorganisation | g) planen |
| 8. Informationen | h) eröffnen |
| 9. ein Fest | i) sammeln |
| 10. eine Veranstaltung | j) realisieren |

ein Projekt organisieren / planen / ...

# 29 Meine Grammatik

### *zu* + Infinitiv

**a** Sammle Ausdrücke in der Lektion, nach denen du die Konstruktion *zu* + Infinitiv gebrauchst.

| *zu* + Infinitiv | | |
|---|---|---|
| **Adjektive** | **Nomen** | **Verben** |
| Es ist interessant, … | Es macht Spaß, … | anfangen (,) zu … |
| | | |
| | | |
| | | |
| | | |

**b** Schreib drei weitere Infinitivsätze in die Tabelle.

| | Infinitivsatz | |
|---|---|---|
| **Hauptsatz** | **erweiterter Infinitiv** | ***zu* + Infinitiv** |
| Es macht mir Spaß, | stundenlang mit Freunden durch die Stadt | zu bummeln. |
| Mir macht es Spaß, | | |
| Hör endlich auf | | zu reden. |
| | | |
| | | |
| | | |

### Infinitiv mit und ohne *zu*

**a** Ergänze bitte die Sätze.

- Mama, du **wolltest** doch mit mir **shoppen gehen**!
- Ich ……………………, shoppen zu gehen. Ich **will** lieber auf dem Sofa **liegen bleiben** und …………………….
- Aber, es ist doch langweilig, auf dem Sofa zu liegen und ……………………!
- Ist es nicht! Ich **möchte** jetzt wirklich ……………………. Du **kannst** ja allein **shoppen gehen**! Oder mit Papa …………………… **spielen lernen**.

**b** Ergänze bitte die Regel.

Bei …………………… und den Verben *gehen, bleiben, lernen* hat der Infinitiv …………………… *zu.*

# Mein Wortschatz

## Dein Engagement-Portfolio

**a** Wo machst du mit? Kreuz bitte an und beschreib dein Engagement.

| | ja | nein |
|---|---|---|
| Bist du in einem **Verein**? | ☐ | ☐ |
| Wenn ja, in was für einem? ........................................ | | |
| Wenn nein, warum nicht? ........................................ | | |
| Bist du in einer **Jugendgruppe**? | ☐ | ☐ |
| Wenn ja, in was für einer? ........................................ | | |
| Wenn nein, warum nicht? ........................................ | | |
| Engagierst du dich bei **Hilfsorganisationen**? | ☐ | ☐ |
| Wenn ja, bei welchen? ........................................ | | |
| Wenn nein, warum nicht? ........................................ | | |
| Hast du dieses Jahr schon mal **Geld gespendet**? | ☐ | ☐ |
| Wenn ja, wofür? Und wie oft? ........................................ | | |
| Hast du etwas anderes gespendet?<br>Zum Beispiel **Kleider, Bücher, Fanartikel, …** | ☐ | ☐ |
| Wenn ja, was? Und wofür? ........................................ | | |

**b** Tausch dich mit deinem Partner / deiner Partnerin aus.

## Selbstgemachtes!

Was machst du selbst? Zu welcher Gelegenheit? Für wen? Kreuz bitte an. Formuliere dann Sätze wie im Beispiel.

| | | |
|---|---|---|
| Ich backe selbst. | ☐ | *An Weihnachten verschenke ich selbst gebackene Plätzchen.* |
| Ich bastle ................ | ☐ | ........................................ |
| Ich mache Kerzen. | ☐ | ........................................ |
| Ich schreibe Gedichte. | ☐ | ........................................ |
| Ich schreibe Geschichten. | ☐ | ........................................ |
| Ich stricke. | ☐ | ........................................ |
| Ich … | ☐ | ........................................ |

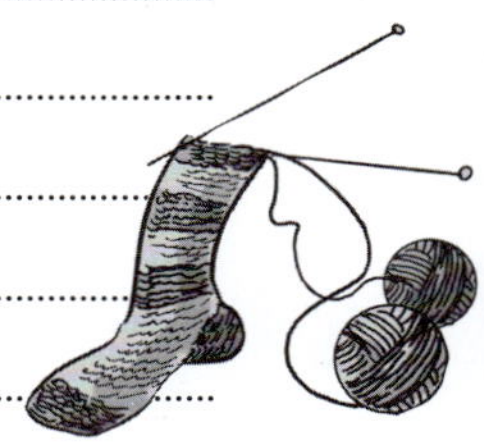

## Hilfsorganisationen

Kennst du diese Organisationen? Sieh eventuell im Internet nach.

TERRE DES HOMMES AMNESTY INTERNATIONAL UNICEF
GREENPEACE BROT FÜR DIE WELT WWF
ROTES KREUZ ROTER HALBMOND ÄRZTE OHNE GRENZEN

# 30 Zeitreise

## 1 Wichtige Ereignisse im Leben ➔ KB: 1

**a** Welche Wörter passen zu welchem Ereignis? Ordne bitte zu.

Gäste • tanzen • Baby • Schule • Kirche • stressig • Braut • Note • tolle Stimmung • Familie • lernen • wissen • Verwandte • Freunde • Bräutigam • jubeln • Fremdsprache • Liebe • Blumen • Ballkleid • Musik • Kerze • Lehrer • Test • Lieblingsfach • verliebt • feierlich • Kuss • Familienfest • Geschenke • Gedächtnis • nervös

| die Taufe | die Erstkommunion | die Hochzeit | das Abitur | der Abschlussball |
|---|---|---|---|---|
| | | | | |
| | | | | |
| | | | | |
| | | | | |
| | | | | |

**b** Sprich bitte mit deinem Partner / deiner Partnerin über deine Zuordnungen.

**c** Was war für dich wichtig, als es das erste Mal geschah? Notiere bitte.

| der erste ... | das erste ... | die erste ... |
|---|---|---|
| Schultag, | Handy, | |
| | | |
| | | |

## 2 Das war im Jahr ...

**a** Schreib die Jahreszahlen wie in den Beispielen.

| Jahreszahl | Zahl |
|---|---|
| 18 \| 73 | 1 \| 8 \| 73 |
| achtzehn \| hundert \| dreiundsiebzig | tausend \| achthundert \| dreiundsiebzig |

1873: 18hundert73

1956: ..........

1962: ..........

1999: ..........

2000: 2tausend

2001: ..........

2005: ..........

**b** Lies die Jahreszahlen bitte laut.

## 3 17hundert oder 1000siebenhundert?

**a** Schreib die markierten Jahreszahlen und Zahlen in Buchstaben.

1756 war Mozarts Geburtsjahr. ..................................................

Mozart schrieb mehr als 1756 Musikstücke! ..................................................

2006 feierte die Welt Mozarts 250. Geburtstag. ..................................................

In Salzburg hat man 2006 Mozartkugeln verschenkt. ..................................................

1982 ist Christina Stürmer geboren. ..................................................

Ihr Freund schenkte ihr 1982 Rosen zum 20. Geburtstag. ..................................................

**b** Lies die Sätze bitte laut.

## 4 Erinnerungsbilder ➔ KB: 3–5

**a** Ordne bitte die Bildunterschriften den Beschreibungen zu.

Beim Training

Auf dem Schulball

Beim Schikurs

Mein erster Arbeitsplatz

| A .................... | B .................... | C .................... | D .................... |
|---|---|---|---|
| Hier waren wir am Arlberg! Das schönste Schigebiet in Österreich. Die Woche mit meiner Klasse dort war einfach ein Traum. Wenn es irgendwie geht, möchte ich bald wieder dorthin fahren, vielleicht mit meiner Familie.<br>Lukas (15) | Zwei Jahre habe ich in dieser Firma gearbeitet! Das war mein erster Job nach der Universität. Es war wirklich nicht der ideale Job, ich habe zu wenig verdient und mit den Kollegen habe ich mich überhaupt nicht verstanden.<br>Lisa (25) | Hier sieht man mich, wie ich gerade mit Paul tanze. Ein wirklich magischer Moment! Ich werde diesen Tag nie vergessen. Leider haben wir uns nach der Matura* aus den Augen verloren …<br>Annemarie (23) | Hier bin ich mit meiner Mannschaft in Italien in einem Trainingslager. Wir haben da eine ganze Woche lang trainiert. Das war ziemlich hart, aber wir hatten natürlich auch Spaß miteinander.<br>Rudi (17) |

* in Österreich für „Abitur"

**b** Wie sind die Erinnerungen? Kreuz bitte an.

| Text | A | B | C | D |
|---|---|---|---|---|
| sehr schön | | | | |
| gemischt | | | | |
| eher schlecht | | | | |

# 30 Zeitreise

**c** Kleb hier bitte ein Foto von dir ein, beschreib die Situation und deine Erinnerungen daran.

.......................................................................................................

.......................................................................................................

.......................................................................................................

## 5 Lebensstationen einer Schauspielerin

**a** Die Schauspielerin Katrin Saß spielt die Hauptrolle im Film „Good bye, Lenin" (siehe Übung 13). Lies bitte ihre Biografie.

> Die DDR = die Deutsche Demokratische Republik (1949–1990)

**Textbiografie**

Katrin Saß ist am 23. Oktober 1956 in Schwerin (damals DDR) geboren. Nach der Schule hat sie den Beruf „Telefonistin" gelernt. Mit 21 Jahren spielte sie zum ersten Mal in einem Film mit. Anfang der 1980er-Jahre begann ihre große Karriere. Im Jahr 1982 bekam sie auf der Berlinale den Filmpreis *Silberner Bär*. Von 1982-1990 spielte sie in vielen Filmen und am Theater. Nach dem Mauerfall im Jahr 1989 hörte man zunächst nichts mehr von ihr.
2003 feierte sie mit dem Film „Good bye, Lenin" ein Comeback. Im gleichen Jahr erschien ihr Buch „Das Glück wird niemals alt" im Ullstein Verlag.

**b** Unterstreich bitte alle Temporalangaben. Schreib dann eine tabellarische Biografie.

**Tabellarische Biografie**

23.10.1956: geboren in Schwerin

..................................................................

..................................................................

..................................................................

..................................................................

..................................................................

..................................................................

..................................................................

**c** Wähl eine Person aus deiner Familie oder deinem Bekanntenkreis. Schreib eine kurze Textbiografie über sie. Verwende bitte verschiedene Temporalangaben.

..................................................................................................

..................................................................................................

..................................................................................................

..................................................................................................

..................................................................................................

## 6 Was denkt ihr über Fußball? ➔ KB: 6

**a** Sammelt in der Gruppe verschiedene Meinungen zum Thema Fußball.

| ☺ Positives | 😐 Neutrales | ☹ Negatives |
|---|---|---|
| Bei der letzten WM habe ich die meisten Spiele im Fernsehen gesehen. | Na ja, Fußball – geht so. Tennis finde ich interessanter. | |
| | | |
| | | |

**b** Vergleicht eure Meinungen in der Klasse.

## 7 Fußballquiz ➔ KB: 7

**a** Wenn du den Text im Kursbuch aufmerksam gelesen hast, bist du jetzt Fußballexperte / -expertin. Mach bitte das Buch zu und kreuz die richtigen Antworten an.

**Was weißt du über Fußball?**

1. Fußball gibt es schon
   - ☐ a) seit 300 Jahren.
   - ☐ b) seit dem 3. Jahrhundert.
   - ☐ c) seit 300 vor Christus.

2. Das erste Fußballland war
   - ☐ a) Polen.
   - ☐ b) China.
   - ☐ c) Japan.

3. „Kemari" hieß das Spiel in
   - ☐ a) Japan.
   - ☐ b) China.
   - ☐ c) Griechenland.

4. In Italien spielte man früher
   - ☐ a) auf einem Fußballplatz.
   - ☐ b) auf dem Marktplatz.
   - ☐ c) auf einem Platz vor der Kirche.

5. Im Mittelalter hatte das Spiel
   - ☐ a) 20 Spieler.
   - ☐ b) 27 Spieler.
   - ☐ c) 11 Spieler.

6. Rugby und Fußball trennten sich
   - ☐ a) im 19. Jahrhundert.
   - ☐ b) um 1900.
   - ☐ c) 1800.

**b** Überprüf deine Lösungen am Text.

## 8 Fußballchronologie

Ergänze bitte den Text mithilfe der Tabelle in Übung 7 a im Kursbuch.

> Man schreibt auch:
> 3. Jh. (= 3. Jahrhundert)

Im .................................... spielte man in China bereits ....................................
aus ..................................... ..................................... praktizierte man in Japan ein Ballspiel,
..................................... Die Römer und die Griechen spielten „Ballschlacht",
um ..................................... Im ..................................... spielte man in Italien mit
..................................... aus 27 Spielern. Seit ..................................... entwickelte sich in
Großbritannien der moderne Fußball.

## 9 Bedeutungen

**a** Welche Bedeutung stimmt: a oder b? Kreuz bitte an.

1. Fußball gehört zu den beliebtesten Sportarten der Welt. (Zeile 1/2)
   - ☐ a) Fußball ist die beliebteste Sportart in der Welt.
   - ☐ b) Fußball ist eine sehr beliebte Sportart in der ganzen Welt.
2. Die Begeisterung nimmt weltweit weiter zu. (Zeile 5)
   - ☐ a) Die Begeisterung geht immer weiter in die Welt hinaus.
   - ☐ b) Die Begeisterung wird auf der ganzen Welt immer größer.
3. Die Geschichte des Fußballs beginnt schon vor Tausenden von Jahren. (Zeile 6/7)
   - ☐ a) Die Geschichte des Fußballs beginnt vor vielen tausend Jahren.
   - ☐ b) Die Geschichte des Fußballs beginnt vor tausend Jahren.
4. Im Mittelalter stand Italien im Mittelpunkt der Fußballentwicklung. (Zeile 24/25)
   - ☐ a) Im Mittelalter entwickelte sich der Fußball vor allem in Italien weiter.
   - ☐ b) Im Mittelalter spielte man nur in Italien Fußball.
5. Heutzutage gilt die britische Insel als Geburtsort des modernen Fußballs. (Zeile 28/29)
   - ☐ a) Die Wissenschaftler glauben, dass der moderne Fußball aus Großbritannien kommt.
   - ☐ b) Die Wissenschaftler sind überzeugt, dass man in Großbritannien modernen Fußball spielt.

**b** Ergänze bitte die Sätze.

Schnecken • ...?... • Volkswagen • Griechenland • Umweltschäden

1. ..................................... gehört zu den beliebtesten Sportlern der Welt.
2. ..................................... gab es schon vor Tausenden von Jahren.
3. ..................................... nehmen weltweit zu.
4. ..................................... steht immer noch im Mittelpunkt der deutschen Autoindustrie.
5. ..................................... gilt als Geburtsort der Demokratie.

## 10 Verkehrte Fußballwelt ➔ KB: 8

Tabea hat einiges durcheinandergebracht. Korrigiere bitte, was sie aufgeschrieben hat. Verwende dabei die Konnektoren *bevor, seit, bis*.

1. Bevor der Schiedsrichter die Spielregeln mit Gesten erklären durfte, musste er eine Trillerpfeife benutzen.

   ........................................................................................................................

2. Seit die Spieler jedes Tor ausgelassen feiern, gibt es die gelbe Karte für „extremes Jubeln".

   ........................................................................................................................

3. Bevor die Inder barfuß Fußball spielen durften, mussten sie Fußballschuhe tragen.

   ........................................................................................................................

4. Bevor die Leute Fußballspiele live erleben konnten, konnten sie sie nur im Fernsehen sehen.

   ........................................................................................................................

5. Die Spieler hatten viel Werbung auf ihren Trikots, bis man die Trikotwerbung verboten hat.

   ........................................................................................................................

## 11 Schöne neue Welt

**a** *Bevor, bis* oder *seit*? Ergänze bitte die Sätze.

> **bevor:** Die Handlung des Nebensatzes liegt nach der Handlung des Hauptsatzes.
> **seit:** Etwas geschieht ab einem bestimmten Zeitpunkt. • ⟶
> **bis:** Etwas geschieht bis zu einem bestimmten Zeitpunkt. ⟶ •

1. .................... es Computerspiele gibt, sitzen viele Jugendliche stundenlang vor dem Computer.
2. .................... in jedem Haushalt ein Fernseher stand, spielte man abends in den Familien oft zusammen Kartenspiele.
3. .................... ich mir eine Brotschneidemaschine gekauft habe, habe ich mich oft beim Brotschneiden verletzt.
4. Ich habe das Geschirr immer mit der Hand gespült, .................... ich bei einem Quiz eine Spülmaschine gewonnen habe.
5. .................... man viele Filme auf DVD kaufen kann, gehen immer weniger Leute ins Kino.
6. Es dauert sicher nicht mehr lange, .................... man alles im Internet kaufen kann.
7. .................... die Jugendlichen SMS und E-Mails schreiben, schreiben sie keine Briefe mehr.

**b** Schreib je einen Satz aus **a** in die passende Tabelle.

| Hauptsatz vorn: | **Konnektor** | | **konjugiertes Verb** |
|---|---|---|---|
| .................... | .................... | .................... | .................... |

**Nebensatzklammer**

# 30 Zeitreise

Nebensatz vorn:

| Konnektor | | konjugiertes Verb | konjugiertes Verb | |
|---|---|---|---|---|
| ........................ | ........................ | ........................ | ........................ | ........................ |

Nebensatzklammer

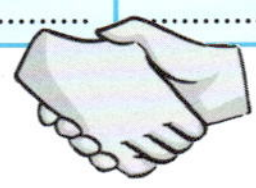

## 12 Bei dir zu Hause ➔ KB: 9

Was musst du zu Hause machen? Schreib die Sätze bitte weiter.

1. Ich muss mein Zimmer aufräumen, bevor ........................
2. Bis ich meine Hausaufgaben gemacht habe, ........................
3. Seit ich Deutsch lerne, ........................
4. Bevor ich mich an den Mittagstisch setze, ........................
5. Seit ich Taschengeld bekomme, ........................
6. ........................, bis ich wieder eine Party zu Hause machen darf.
7. Bevor ich schlafen gehe, ........................
8. ........................, seit ich 14 bin.

## 13 Good bye, Lenin! (2003): Geschichte im Film ➔ KB: 10

**a** Zum Fall der Berliner Mauer gibt es einen Film. Lies die Inhaltsangabe auf der DVD und beantworte bitte die Fragen.

Für den 21-jährigen Alex (Daniel Brühl) geht im Leben nichts voran, wie er sich das wünscht. Kurz vor dem Fall der Berliner Mauer fällt seine Mutter (Katrin Saß) nach einem Herzinfarkt ins Koma. Sie ist von der DDR überzeugt, und nun verschläft sie die politischen Entwicklungen in Deutschland im Jahr 1989. Als sie nach acht Monaten wieder aufwacht, ist in ihrem Heimatland alles anders. Nach Meinung ihres Sohnes darf sie nichts vom Ende der DDR erfahren, denn er glaubt, dass ihr Herz für diese Nachricht zu schwach ist. Deshalb lässt Alex die DDR in der Wohnung seiner Mutter weiterleben: Er spielt ihr alte Fernsehnachrichten vor, kauft typische DDR-Lebensmittel, erzählt ihr vom Leben der Leute, als hätte sich nichts geändert.
Der Film ist weltweit bekannt und einer der erfolgreichsten deutschen Filme überhaupt.

1. Wo spielt der Film? ..........
2. Zu welcher Zeit? ..........
3. Wovon soll die Mutter von Alex nichts erfahren? ..........
4. Warum soll sie nichts davon erfahren? ..........
5. Wo lässt Alex die DDR weiterleben? ..........
6. Ist der Film erfolgreich? Ja, er ist sogar ..........

**b** Im Text kannst du sechs Nomen mit Genitivattribut finden. Unterstreich sie bitte. Schreib sie dann in die Tabelle.

| maskulin | neutral | feminin | Plural |
|---|---|---|---|
| .......... | die Geschichte des Lande | .......... | vom Leben der Leute |
| .......... | .......... | .......... | .......... |
| .......... | .......... | .......... | .......... |
| .......... | .......... | .......... | .......... |

## 14 Wer ist wer? – Dein Promi-Quiz KB: 12

**a** Finde die passenden Kombinationen.

die Draisine

1. Konrad Zuse war der
2. Leonardo da Vinci war
3. Marie Curie studierte
4. Henry Dunant war
5. Jil Sander ist
6. Josef Madersperger war
7. Margarete Steiff war
8. Sigmund Freud gilt als
9. Karl Friedrich Drais war

a) der Maler .......... berühmten Mona Lisa.
b) der Gründer .......... Roten Kreuzes.
c) der Erfinder .......... ersten Computers.
d) die Gründerin e.......... bekannten Spielwarenfabrik.
e) als eine .......... ersten Frauen Physik.
f) der Vater .......... Psychoanalyse.
g) eine .......... bekanntesten deutschen Modemacherinnen.
h) der Erfinder .......... Fahrrads.
i) der Erfinder .......... Nähmaschine

**b** Ergänze bitte die Artikelformen im Genitiv.

# 30 Meine Grammatik

## Temporale Nebensätze

Schreib bitte sechs Sätze mit verschiedenen Inhalten. Achte auf die Wortstellung.

Nebensatz vorn:

**Seit** ich 12 (13 / 14) bin, ...................................................

**Bevor** ich 13 war, ...................................................

**Bis** ich 18 bin, ...................................................

Hauptsatz vorn:

..................................................., **seit** ...................................................

..................................................., **bevor** ...................................................

..................................................., **bis** ...................................................

## Das Genitivattribut

**a** Ergänze bitte mit passenden Nomen.

Maskuline, neutrale Nomen auf *d, s, ss, z, tz:* des Kindes / Glases / Kusses / Platzes

| | **maskulin** | **neutral** | **feminin** | **Plural** |
|---|---|---|---|---|
| bestimmter Artikel | die Beliebtheit de**s** ..........................**s** | die Erfindung de**s** ..........................**s** | der Fall de**r** .......................... | die Spenden de**r** .......................... |
| unbestimmter Artikel | das Leben ein**es** ..........................**s** | das Lachen ein**es** ..........................**s** | die Arbeit ein**er** .......................... | die Konstruktion **von** .......................... |
| Possessiv-artikel | der Geburtstag mein**es** ..........................**s** | die Taufe eur**es** ..........................**s** | der Anruf dein**er** .......................... | die Hochzeit unser**er** .......................... |

**b** Erfinde interessante Buchtitel. Du kannst auch Adjektive oder Präpositionen verwenden

Das Adjektiv nach dem Genitivartikel hat immer die Endung *-en.*

die Entdeckung • das Licht • die Ohnmacht • das Ende • die Erfindung • die Gefahren • die Schönheit • die Einsamkeit • die Gründung • das Leben • die Karriere • der Wettkampf • die Ermordung • der Egoismus • der Teamgeist • die Entscheidung

meine Träume • Erwachsene • die Technik • eine Sängerin • Amerika • das Automobil • ein Jugendklub • der Schiedsrichter • Indien • die Kinder • die Glühbirne • mein Vater • der Eiskunstläufer • die Spitzensportler • die Mannschaft • ein Model • eine Blume • der Tierarzt • die Welt • der Mond • eine Partei

*Die Entscheidung des Schiedsrichters*

*Vom einsamen Leben eines Models*

# Mein Wortschatz

**Meine Daten & Fakten**

Notiere wichtige Daten und Ereignisse aus deinem Leben. Schreib einen kurzen Kommentar dazu.

..................................................
Der Tag meiner Geburt.
Leider kann ich mich nicht daran erinnern!

Erster ..................................................
Mit .................................... Jahren!
..................................................
..................................................
..................................................

Von .................... bis ....................

Am ..................................................

Im Jahr ..................................................

**Schnappschuss vom heutigen Tag**

Mach ein Erinnerungsfoto vom heutigen Tag und kleb es hier ein. Beschreib die Situation und schreib einen Kommentar.

.......................................... (Datum)
..................................................
..................................................
..................................................
..................................................
..................................................
..................................................

**Erlebnisse**

Was für Erlebnisse wünschst du dir? Markiere und ergänze. Vergleiche mit deinem Partner / deiner Partnerin.

eine Klettertour in den Dolomiten • ein Löwenbaby streicheln • eine Fahrt zum Mond • eine Fahrradtour durch .................... • einen neuen Kontinent entdecken • an einer Castingshow teilnehmen • eine Goldmedaille im .................... gewinnen • mit einer Zeitmaschine in die Vergangenheit fliegen • einen kleinen Eisbären küssen • eine neue Computerfirma gründen • etwas Tolles erfinden • .................................... • .................................... • ....................................

# Meilenstein 15

Die Reise geht weiter. Sie führt dich heute wieder in die deutschsprachige Schweiz nach Luzern am Vierwaldstätter See. Zeichne deinen Weg auf der Landkarte auf Seite 4 ein und sammle Meilensteine.

## 1 Ich kann Vorschläge machen und meine Meinung äußern.

Ergänze bitte die Sprechblasen.

Schulfest / Buffet / Obdachlose ...

1. (macht Vorschlag) ..................................................

2. (ist sehr dafür) ..................................................

3. (Idee nicht schlecht, aber: Direktor?) ..................................................

4. (ist dagegen, macht anderen Vorschlag) ..................................................

........ /12

## 2 Ich kann einen kurzen Bericht in einer Radiosendung verstehen.

2 13

Lisa berichtet im Radio Antenne 1 über ihr freiwilliges soziales Jahr. Welche Aussagen stimmen? Kreuz bitte an.

1. Lisa wusste genau, was sie nach dem Abitur machen wollte. ☐
2. Sie wollte unbedingt Germanistik studieren. ☐
3. Sie sollte vier Jahre auf einen Studienplatz warten. ☐
4. Sie hat dann in einem Altenheim gearbeitet. ☐
5. Die Arbeit war leicht. ☐
6. Das Jahr war sehr wichtig für sie. ☐

........ /6

## 3 Ich kenne drei wichtige religiöse Feste.

Notiere drei religiöse Feste in Kindheit und Jugend.

| Nach der Geburt: | Mit neun Jahren: | Mit 14 Jahren: |
|---|---|---|
| die .................... | die .................... | die .................... |

........ /3

## 4 Ich kann schriftliche Aufrufe zur Unterstützung von Schulaktionen verstehen.

Welche Aktionen kannst du unterstützen? Kreuz bitte an.

Dein Onkel hat gerade seine Wohnung frisch gestrichen. • Du brauchst in deinem Bücherregal Platz für neue Bücher. • Du hast diesen Monat kein Taschengeld mehr.

**A**

Wir suchen Sponsoren für unsere Bücherei. Wer bereit ist, uns zu helfen, kann sich bei Frau Vivian Ullrich, Leibniz-Gymnasium Lauterbach, Mainzstraße 5, täglich von 9.40 bis 14.00 Uhr melden.

**B**

Vom 27. November bis zum 19. Dezember verkaufen wir am Schulkiosk selbst gebackene Weihnachtsplätzchen. Mit dem Geld möchten wir unsere Bücherei unterstützen!
Schüler der 7a

**C**

Wer kennt jemanden, der etwas vom Renovieren versteht?

Wir möchten unsere Bücherei verschönern und brauchen Unterstützung! Bitte meldet euch in der großen Pause bei Harald Sanders, Klasse 11a.

........ / 3

## 5 Ich kann über Ereignisse chronologisch berichten.

**a** Ergänze bitte die Nebensätze mit den passenden Konjunktionen.

wenn ◦ seit ◦ als ◦ bevor ◦ bis

.................... mein Bruder Pawel sieben Jahre alt war, kam er in die Schule. .................... er die Schule besuchte, war er sehr ängstlich, aber .................... er in der Schule ist, hat sich das geändert: Er ist jetzt selbstbewusst und lernt gern. Jeden Tag, .................... er in die Schule geht, freut er sich. Unsere Eltern hoffen, dass das so bleibt, .................... er aufs Gymnasium kommt.

........ / 5

**b** Ergänze bitte mit passenden Präpositionen.

.................... zwölf Jahren kam Pawel dann aufs Gymnasium. Das Lernen machte ihm immer noch Spaß, deshalb besuchte er .................... 1993 .................... 1995 auch das Lyzeum. .................... Jahr 1995 machte er dann das Abitur.

........ / 3

## 6 Ich kann wichtige Familienereignisse benennen.

Was zeigen die Familienfotos? Ergänze bitte die Genitivattribute.

meine Mutter ◦ die Abiturklasse ◦ mein Großvater ◦ ein Nachbarskind ◦ Marie ◦ unsere Eltern ◦ Verwandte aus Amerika ◦ Onkel Werner

Die Fotos zeigen …
den 70. Geburtstag .................... ...................., die Hochzeit .................... ....................,
die Taufe .................... ...................., .................... Konfirmation,
den ersten Schultag .................... Mutter, den Ball .................... Abiturklasse,
den Besuch .................... Verwandten aus Amerika, Onkel .................... Verlobung.

........ / 8

**Wie viele Meilen hast du gesammelt?**
**Bis 20 Meilen:** Du darfst einen kleinen Bummel über die Kapellbrücke in Luzern machen, aber dann musst du gleich noch einmal die Übungen von Lektion 29 und 30 wiederholen.
**21–30 Meilen:** Gut gemacht! Nimm deine Rollerblades und fahr ein paar Kilometer auf der Uferstraße am See entlang. Da tankst du neue Energie.
**31–40 Meilen:** Bravo! Du hast noch viel Energie übrig. Fahr mit dem Schiff an den Fuß des Pilatus. Von dort kannst du mit der steilsten Zahnradbahn der Welt auf den „Luzerner Hausberg" auf 1900 m Höhe fahren und die fantastische Sicht genießen.

........ / 40

# 31 Meine Sprachenwelt

## 1 Internationalismen ➔ KB: 1

**a** Hör die Dialogteile. Achte auf die Aussprache der Internationalismen.
**b** Ordne bitte die markierten Internationalismen zu.

Ich hätte gerne eine Pizza Napoletana und einen Espresso.

Sandra im August: zu jedem Kleid das passende Accessoire, elegantes Styling für den Abend, der aktuelle Trend dieser Saison!

Danke, keinen Döner bitte! Ich möchte lieber eine Crêpe oder einen Toast.

Welchen Tanz möchtest du mit mir tanzen? Den Tango oder den Salsa?

Komm, essen wir noch schnell ein Gyros!

In der neuen „Musikwelt" findest du alles: die aktuellen Charts, den Soundcheck der neuesten CDs, Berichte von der Tour deiner Lieblingsgruppe – einfach alles, was du willst.

Kann ich dich zurückrufen? Im Fernsehen läuft gerade meine Lieblingssoap!

| der | das | die | nur Plural |
|---|---|---|---|
| ........ | ........ | Pizza | ........ |
| ........ | ........ | ........ | ........ |
| ........ | ........ | ........ | ........ |
| ........ | ........ | ........ | ........ |
| ........ | ........ | ........ | ........ |
| ........ | ........ | ........ | ........ |

**c** Sammelt in Teams Internationalismen in eurer Sprache. Ihr habt zwei Minuten Zeit. Vergleicht eure Listen und streicht die Wörter, die die anderen Teams auch haben, durch. Welches Team hat dann noch die meisten Wörter?

## 2 Ländernamen – Sprachennamen ➔ KB: 2

Notiere bitte Länder- und Sprachennamen zu Kursbuch 2a und 2b.

| Land | Sprache(n) | Land | Sprache(n) |
|---|---|---|---|
| ........ | ........ | ........ | Französisch, ........ |
| ........ | ........ | ........ | ........ |
| Eritrea | Tigrinya, Arabisch | ........ | ........ |
| ........ | ........ | ........ | ........ |

## 3 Wortfamilie *Sprache* / *sprechen* ➔ KB: 3

**a** Wörter mit demselben Wortstamm sind eine Wortfamilie. Der Vokal im Wortstamm ändert sich manchmal. Auch zusammengesetzte Wörter gehören dazu.
Bilde Wörter und ordne zu. Ergänze eventuell die Artikel. Kennst du noch andere passende Wörter? Ergänze bitte.

Fremd.........e ○ nach.........en ○ zwei.........ig ○ Aus.........e ○ .........kurs ○ ver.........en ○ .........ferien (Pl.) ○ Mutter.........e ○ deutsch.........ig ○ aus.........en ○ .........kenntnisse (Pl.) ○ Ge......... ○ be.........en ○ Jugend.........e ○ .........stunde

| Nomen mit Artikel | Verben | Adjektive |
|---|---|---|
| *die Fremdsprache* | | |
| | | |
| | | |
| | | |
| | | |
| | | |
| | | |
| | | |

**b** Welche Nomen und Verben aus **a** passen? Ergänze bitte.

einen ......... besuchen
eine ......... sprechen
bei einem ......... zuhören
die ......... verbessern
gute ......... haben
in die ......... kommen

Probleme miteinander .........
schwierige Wörter .........
Wörter richtig / falsch .........
ein Geschenk .........
ein ......... Wörterbuch benutzen
eine ......... Familie besuchen

**c** Schreib bitte zu jeder Kombination einen Satz in dein Heft.

*Wie viele Fremdsprachen sprichst du?*

# 31 Meine Sprachenwelt

## 4 Schüler in einer „bunten" Klasse. KB: 4

**a** Tommy und Lidia sprechen über ihre „bunte" Klasse. Welche Aussagen sind richtig, welche falsch? Hör bitte zu und kreuz an.

**Tommy**
1. Tommy stört es, dass viele nicht aus Deutschland kommen.
2. Die meisten Schüler sind in Deutschland geboren.
3. Die Schüler streiten nie.
4. Beim Fußballspielen sind manche aggressiv.
5. Tommys Team hat beim Fußball gewonnen.

| richtig | falsch |
|---|---|
| | |
| | |
| | |
| | |
| | |

**Lidia**
1. Arnela erzählt viel über Bosnien.
2. Arnela möchte nicht nach Bosnien zurück.
3. Arnelas Oma lebt in Deutschland.
4. Der Kuchen von Arnelas Oma ist genial.
5. Lidia möchte gern einmal nach Bosnien fahren.

| richtig | falsch |
|---|---|
| | |
| | |
| | |
| | |
| | |

**b** Was passt? Ergänze bitte die Sätze.

1. Es wäre komisch, wenn ich alle in meiner Klasse sympathisch .................... würde.
a) fanden b) finden c) gefunden
2. Wenn ich der Schiedsrichter wäre, .................... ich ihm die gelbe Karte zeigen.
a) würde b) wird c) werde
3. Sie würde wieder zurückgehen, wenn ihre Eltern nicht in Deutschland .....................
a) waren b) würden c) wären
4. Wenn Arnela gehen würde, .................... ich eine Freundin weniger.
a) hätte b) hatte c) habe

**c** Schreib die Sätze aus **b** in die Tabelle.

| Konnektor | | konjugiertes Verb | konjugiertes Verb | | Verb Teil II |
|---|---|---|---|---|---|
| Wenn | Arnela ............ | ............ | ............ | ............ | |
| ............ | ............ | ............ | ............ | ............ | ............ |

| | Konnektor | | konjugiertes Verb |
|---|---|---|---|
| Es wäre komisch, | ............ | ............ | ............ |
| ............ | ............ | ............ | ............ |

## 5 Plötzlich ist alles anders!

**a** Was würdest du tun, wenn ...? / Wie wäre es, wenn ...? Notiere bitte.

1. Deine Eltern sprechen plötzlich nur noch Chinesisch mit dir.

Wenn meine Eltern plötzlich nur noch Chinesisch mit mir sprechen würden, ..............................

..............................

2. Du schläfst in deinem Bett ein. Am Morgen wachst du in einer Hütte in den Bergen auf.

Wenn ich am Morgen ..............................

..............................

3. Du siehst dich selbst als Popstar im Fernsehen.

..............................

..............................

4. Deine Mitschüler haben plötzlich alle blaue Haare.

Es wäre sehr .............................., wenn ..............................

..............................

5. Du findest auf der Straße eine Tasche mit 10 000 Euro.

..............................

..............................

6. In der Schule sitzt neben dir plötzlich ein Marsmännchen.

..............................

..............................

**b** Denk dir lustige Situationen aus und frag deinen Partner / deine Partnerin:
Was würdest du tun, wenn ...?
Tauscht die Rollen.

## 6 Bedeutungen

Welche Bedeutung stimmt: a oder b? Kreuz bitte an.

1. Ich komme mit allen gut aus. (Tommy)

- ☐ a) Ich verstehe mich mit allen gut.
- ☐ b) Ich verstehe alle gut.

2. Für mich macht das keinen Unterschied. (Matthias)

- ☐ a) Es gibt keinen Unterschied.
- ☐ b) Mir persönlich ist das egal.

3. Es gibt welche, die Schwierigkeiten machen. (Mendy)

- ☐ a) Manchmal gibt es Schwierigkeiten.
- ☐ b) Ein paar (Schüler) machen Schwierigkeiten.

4. Ich gehöre auch zu den Ausländern in der Klasse. (Arnela)

- ☐ a) Ich bin auch Ausländer.
- ☐ b) Ich bin für die Ausländer in der Klasse.

## 7 Wenn ich fliegen könnte, ...

Ergänze bitte Evas Gedankenblasen. Verwende die Modalverben *können, müssen, dürfen*.

Wenn ich fliegen ................................., würde ich .................................................................................

Wenn jetzt Ferien wären, ...................................................................................................

Wenn ich schon 18 wäre, .....................................................................................................................

Wenn Miriam Zeit hätte, ..................................................................................................................

## 8 Wenn du wolltest, könntest du ... ➔ KB: 5

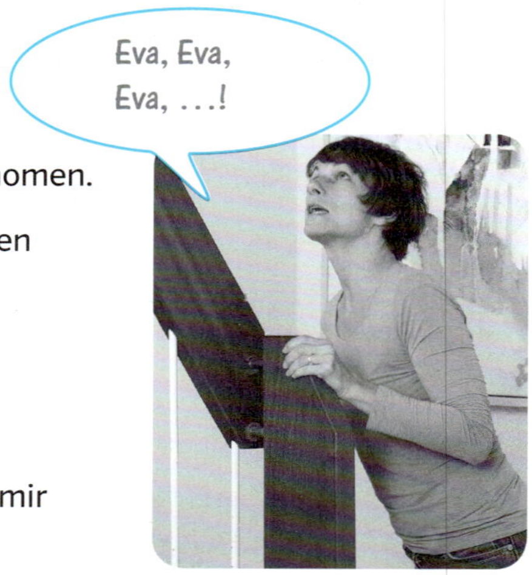


**a** Evas Mutter wird ungeduldig. Ergänze bitte die Personalpronomen.

1. Eva, wenn ....................... wolltest, könntest ....................... mit den Hausaufgaben schon fertig sein!
2. Eva, ....................... solltest doch Oma anrufen!
3. Eva, deine Klavierlehrerin kommt gleich, ....................... müsste schon hier sein!
4. Eva, ist dein Bruder bei dir im Zimmer? Könntet ....................... mir mal helfen?
5. Eva, dürfte ....................... dich fragen, was du so lange machst!?
6. Eva, wenn ....................... jetzt fertig wärst, könnten ....................... noch zusammen in die Stadt gehen.

**b** Ergänze bitte die Modalverben im Konjunktiv.

**Die Mutter sagt:**

1. ....................... ich dich fragen, was du machst? (dürfen)
2. Wenn du ......................., ....................... du schon fertig sein. (wollen / können)
3. Du ....................... doch Oma anrufen. (sollen)
4. Deine Klavierlehrerin ....................... schon da sein. (müssen)
5. Wir ....................... zusammen in die Stadt gehen. (können)
6. ....................... ihr mir bitte helfen? (können)
7. Eva und ihr Bruder ....................... die Mutter eigentlich hören. (müssen)

## 9 Was könntest / solltest du anders machen?

Notiere bitte auf dem Zettel, womit du unzufrieden bist. Tauscht eure Hefte aus. Dein Partner / Deine Partnerin gibt dir Ratschläge.

**Damit bin ich unzufrieden**

*Ich bin schlecht in* ........................................

*Ich muss* ........................................

........................................

*Ich soll* ........................................

........................................

**Ratschläge**

*Du könntest* ........................................

........................................

........................................

*Du solltest* ........................................

........................................

## 10 Bitten, Ratschläge, Wünsche, ...

Ergänze bitte die Konjunktiv-Regel und ordne die Begriffe zu.

Wünsche ○ Ratschläge ○ irreale Situationen ○ höfliche Bitten / Fragen ○ Vorschläge

Den Konjunktiv verwende ich ...

- für ........................................: *Könntest du mir bei den Hausaufgaben helfen?*
- für ........................................: *Wir könnten am Montag zusammen lernen.*
- um ........................................ auszudrücken: *Ich würde im Sommer gern nach Deutschland fahren.*
- für ........................................: *Du solltest mehr lesen und weniger fernsehen.*
- um ........................................ zu beschreiben: *Wenn ich könnte, würde ich fortfliegen.*

## 11 Fehler suchen und korrigieren

➔ **KB:** 7

Korrigiere bitte die Sätze mit Hilfe der Texte in Aufgabe 7 im Kursbuch. Streich die Fehler durch oder markiere, wo etwas fehlt.

| **Julia:** | **Korrektur** |
| --- | --- |
| 1. Ich ~~studiere~~ in der Schule Deutsch. | *lerne* |
| 2. Wir haben mit Händen und Beinen gesprochen. | ........................ |
| 3. Wir haben drei Jungs mitgesprochen. | ........................ |
| 4. Einer hat plötzlich mit Deutsch gefragt: „Kann ich euch helfen?" | ........................ |
| **Ruben:** | |
| 1. Ich dachte, ich wüsste schon ganz gut Deutsch. | ........................ |
| 2. Ich habe am Anfang keine Wörter verstanden. | ........................ |
| 3. Die haben nicht so als meine Lehrerin gesprochen. | ........................ |
| 4. Ich fing langsam an, ein bisschen Schweizerdeutsch verstehen. | ........................ |
| **Alexis:** | |
| 1. Ich interessiere mich ziemlich auf Popmusik. | ........................ |
| 2. Mein Vater ist oft mit Geschäftsreisen in Hamburg. | ........................ |
| 3. Er hat mir als Letzter eine CD von Silbermond mitgebracht. | ........................ |
| 4. Ich wünsche jetzt noch andere CDs von deutschen Interpreten. | ........................ |

# 31 Meine Sprachenwelt

## 12 Was ist schiefgegangen?

**a** Lies bitte, was die Schüler erzählen. Diskutiere mit deinem Partner / deiner Partnerin, was hier schiefgegangen ist.

Sandrine aus Frankreich:
Ich war im Winter in einem Café in München und habe eine „(h)eiße" Schokolade bestellt. Die Kellnerin hat mich ein bisschen überrascht angeguckt. Dann hat sie mir eine Eisschokolade gebracht!

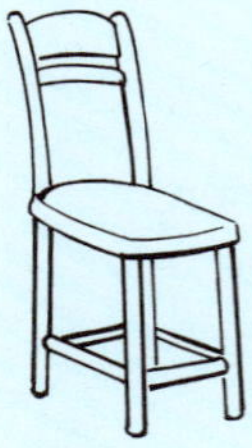

Jana aus Polen:
Letztes Jahr war ich beim Schüleraustausch in Deutschland. In der Klasse wollte ich mich irgendwo hinsetzen. Neben einem Jungen war ein Stuhl frei, ich fragte: „Entschuldigen Sie bitte, ist der Platz hier frei?" Die ganze Klasse hat gelacht, das war so peinlich!

George aus England:
Ich wollte im Urlaub einmal eine Fahrkarte von München nach Salzburg kaufen. Der Bahnbeamte fragte: „Einfach?" Ich verstand nicht, was er wollte, und fragte zurück: „Gibt es auch schwierige Fahrkarten?"

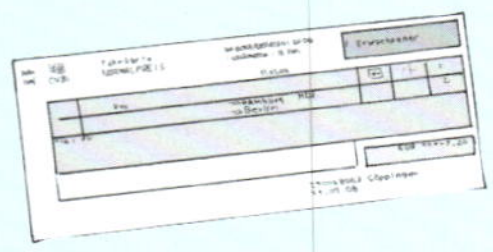

**b** Habt ihr auch schon ähnliche Situationen erlebt? Erzählt eure Erlebnisse.

## 13 Irgendwie geht heute alles durcheinander

**a** Frau Kopflos möchte in Urlaub fahren. Aber sie ist sehr vergesslich und nervös. Ergänze bitte mit Indefinitpronomen.

............................................ muss meine Fahrkarte sein. Aber wo?
............................................ fährt mein Zug. Aber …?
............................................ wollte ich noch anrufen. Aber …?
............................................ wollte die Blumen gießen. Aber …?
............................................ Medikamente sollte ich mitnehmen. Aber …?
Also, ............................................ habe ich bestimmt vergessen. Aber …?

**b** Frau Kopflos ist im Hotel angekommen. Formuliere Fragen wie in **a**.

*Irgendwann gibt es Abendessen. Aber wann?*
*Irgendwo ist der … Aber …*

## 14 Jan möchte später in Deutschland studieren ➔ KB: 8

**a** Mach jeweils aus einem Satz zwei Hauptsätze. Überlege und unterstreiche: Wer macht das? Gibt es ein Subjekt oder zwei?

1. Jan liest deutsche Zeitschriften, um später auch Fachliteratur lesen zu können.
   Jan liest deutsche Zeitschriften. Er kann später auch Fachliteratur lesen.
2. Seine Mutter fragt ihn Vokabeln ab, damit er sich neue Wörter besser merken kann.
   Seine Mutter ...
3. Jan besucht in den Ferien einen Sprachkurs, um sein Deutsch zu verbessern.
   ...
4. Seine Großmutter redet oft Deutsch mit ihm, damit er sich später gut unterhalten kann.
   ...
5. Jan hört auch viel „Deutsche Welle", damit er die deutschen Touristen besser versteht.
   ...

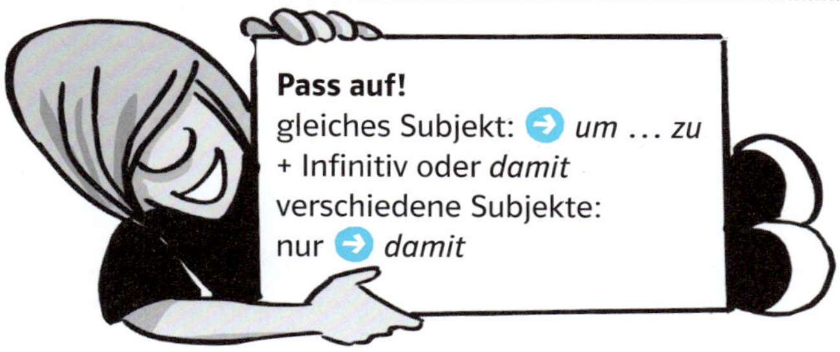


**b** Schreib die Sätze mit *um ... zu* und *damit* aus **a** in die Tabelle.

| | | | |
|---|---|---|---|
| Jan liest deutsche Zeitschriften, | um | ... zu | ... |
| ... | ... | ... | ... |
| Seine Mutter fragt ihn Vokabeln ab, | damit | ... | kann. |
| ... | ... | ... | ... |
| ... | ... | ... | ... |

## 15 Wozu machen sie das? ➔ KB: 8/10/11

Verbinde die Sätze mit *um ... zu* oder *damit*.

1. Malika spricht selten im Deutschunterricht. Sie will keine Fehler machen.
   ...
2. Der Deutschlehrer stellt Malika nur leichte Fragen. Sie kann antworten.
   ...
3. Jan spricht oft deutsche Touristen an. Er will sich mit ihnen auf Deutsch unterhalten.
   ...
4. Swetlana besucht deutschsprachige Internetseiten. Sie will ihr Leseverstehen verbessern.
   ...
5. Die Lehrerin macht viel Grammatik. Die Schüler sollen fit sein für die Prüfung.
   ...
6. Paul legt nachts sein Deutschbuch unter sein Kissen. Er will alles im Schlaf lernen.
   ...
7. Marie und Annika lernen zu zweit. Dann ist das Lernen leichter.
   ...

# 31 Meine Grammatik

## *Wenn*-Sätze mit Konjunktiv

Wenn das Wörtchen
wenn nicht wär,
wär mein Vater Millionär.

Was wäre, wenn …? Schreib drei Beispielsätze in die Tabelle.

Du gewinnst die Deutscholympiade. • Du wachst als Popstar auf. • Du kannst plötzlich fliegen. • Du kannst in die Zukunft / in die Vergangenheit reisen. • Es regnet seit sechs Wochen. • Alle Aufzüge in der Stadt bleiben stehen. • Alle Menschen sprechen eine Sprache. • Du hast jeden Tag Geburtstag. • Du kannst zaubern. • Du bist Harry Potter / Hermine / …

| Konnektor | | konjugiertes Verb | konjugiertes Verb | | Verb Teil II |
|---|---|---|---|---|---|
| Wenn | ………… | ………… | ………… | ………… | ………… |
| ………… | ………… | ………… | ………… | ………… | ………… |
| ………… | ………… | ………… | ………… | ………… | ………… |

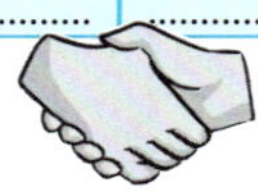

## Modalverb im Konjunktiv

1. und 3. Person sind gleich.

**a** Ergänze bitte die Tabelle.

| | können | müssen | dürfen | wollen |
|---|---|---|---|---|
| Wenn ich | könnte, | …………, | …………, | …………, |
| Wenn du | …………, | …………, | …………, | …………, |
| Wenn er / es / sie | …………, | …………, | …………, | …………, |
| Wenn wir | …………, | …………, | …………, | …………, |
| Wenn ihr | …………, | …………, | …………, | …………, |
| Wenn Sie / sie | …………, | …………, | …………, | …………, |

| sollen |
|---|
| Ich sollte gehen. |
| Du ………… bleiben. |
| Er / Es / Sie ………… kommen. |
| Wir ………… zuhören. |
| Ihr ………… mitmachen. |
| Sie / sie ………… fragen. |

**b** Formuliere je einen Beispielsatz für:

eine höfliche Bitte / Frage: …………………………………………

einen Wunsch: …………………………………………

einen Vorschlag: …………………………………………

einen Ratschlag: …………………………………………

eine irreale Situation: …………………………………………

## Ziele angeben mit *um … zu* und *damit*.

Wozu brauchst du Lerntechniken? Ergänze bitte die Sätze mit eigenen Gedanken.

um … zu?

damit?

Ich habe eine Lernkartei angelegt, ………… …………………………
………………………… ………… mein Deutsch zu trainieren.

Im Klassenzimmer hängen DACH-Poster, ………… …………………………
………………………… ………… mehr Spaß beim Deutschlernen zu haben.

An den Möbeln in meinem Zimmer kleben Zettel mit den deutschen Wörtern, ………… …………………………
………………………… ………… ich schnell mit dem Lernen fertig bin.

## 7 Telefonische Anmeldung zum „Tag der offenen Bühne“ KB: 6

**a** Gina ruft Frau Keller an, um einen Beitrag anzumelden. Bring bitte das Telefongespräch in die richtige Reihenfolge.

| | |
|---|---|
| | Jugendzentrum, Keller, Guten Tag! |
| | Also, ich bin am 13.7.1990 geboren, Eva am 20.10.1991. |
| | Den Titel finde ich gut, aber du kannst ihn auch noch ändern. Wie lange braucht ihr denn für die Tanzstücke? So etwa fünfzehn Minuten? |
| | In Ordnung, zehn Minuten. Wenn du den Titel ändern willst, kannst du ja noch mal anrufen. Bis dann, Gina! |
| | Finden Sie das wirklich eine gute Idee? Na, das macht uns ein wenig Mut. Können wir den Termin telefonisch festlegen oder muss ich bei Ihnen vorbeikommen? |
| | Ja klar, gern: Unser „Tag der offenen Bühne“ beginnt um 10 Uhr. Möchtest du vielleicht mitmachen? Ein paar Termine sind ja noch frei. |
| | Einen Titel, hm ... Was halten Sie von „Afro live“ ? Ich bin mir nicht sicher. Ich möchte mit Eva noch darüber sprechen. |
| | Nein, euren Termin können wir auch telefonisch festlegen. Ich brauche aber einige Daten von dir und deiner Freundin: euer Geburtsdatum, den Titel des Beitrags, die Länge des Beitrags ... |
| | Ja, hallo! Hier Gina, Gina Stürmer. Ich hätte gern ein paar Infos über den „Tag der offenen Bühne“ am 12. Mai. |
| | Moment, 1991 ... Gut, damit hätten wir die Geburtsdaten. Wie soll euer Tanzbeitrag denn heißen? |
| | Bis bald, Frau Keller und danke schön! |
| | Ja, genau. Ich, also besser gesagt, wir möchten gerne mitmachen. Ich habe gedacht, ich könnte mit meiner Freundin Eva Bäumer zusammen ein paar Stücke Afro-Dance einstudieren und aufführen. Wir haben zwar noch nie eine Choreographie selbst entworfen, aber ... |
| | Oh, fünfzehn Minuten sind sicher zu lang, ein Afro-Dance-Stück dauert zirka zwei Minuten. Wenn wir vielleicht vier Stücke nehmen, dann brauchen wir maximal zehn Minuten. |
| | Afro-Dance? Das haben wir noch nicht im Programm! Das ist ja eine echt gute Idee! Das wäre mal was Neues! |

2 25

**b** Hör bitte das Gespräch und überprüfe deine Lösung.

**c** Füll bitte das Teilnehmer-Datenblatt aus.

**JUZE: Tag der offenen Bühne**

**1. Beitrag**

Titel: ..................................................

Beschreibung: ..................................................

Länge des Beitrags: .................... Min.

**2. Teilnehmerdaten**

Name und Geburtsdatum: ..................................................

..................................................

Berlin, ....................................... Hildegard Keller

(Datum)

# 32 Jugendgruppen

## 8 Eine kurze Mitteilung zum „Tag der offenen Bühne"

Frau Keller schreibt einen Kurzbericht für ihren Chef. Ergänze bitte die Lücken.

Sehr geehrter Herr Bonzell,
hier der letzte Stand zum Tag der offenen Bühne: Es sind wirklich nur noch ganz w.......................... Termine offen geblieben. Ein p.......................... davon müssen mir e.......................... Jugendliche noch bestätigen, aber unser Programm ist mehr oder weniger komplett.
Hier ein p.......................... Beispiele: E.......................... Jungs singen Karaoke und führen ein p.......................... Zaubertricks vor. Leider wollen nur w.......................... an der Modenschau teilnehmen. Aber das war uns doch schon von Anfang an klar …
Die Situation bei den Mädchen: M.......................... Mädchen möchten tanzen: Das Repertoire geht von Ballett über Jazzdance, Stepptanz bis hin zu Afro-Dance. Wirklich toll, finde ich! Andere bereiten Bilder, Fotos und ein p.......................... Poster vor. Die Mädchen sind natürlich von der Modenschau begeistert. Nur w.......................... möchten nicht teilnehmen.
Ich habe noch e.......................... Fragen an Sie. Die besprechen wir aber am besten mündlich.
Grüße und bis morgen,
H. Keller

## 9 Am „Tag der offenen Bühne" KB: 7

**a** Ergänze bitte mit den passenden *sich*-Verben. Ein Verb kommt zweimal vor.

sich etwas anhören • sich etwas ansehen • sich etwas besorgen • sich etwas anschauen • sich etwas überlegen

1. Timo .......................... .......................... die Fotopräsentation ...........................
2. Maren und Lisa wollen .......................... die Modenschau ...........................
3. Lisa .......................... .........................., ob sie den Mal-Workshop besucht.
4. Timo, Lisa und Maren .......................... .......................... etwas zu trinken.
5. Timo .......................... .......................... das mit der Fotopräsentation noch einmal.
6. Kevin .......................... .......................... auf jeden Fall das Konzert der Black Mosquitos ...........................

**b** Und was machen die anderen? Ergänze bitte.

1. Ich glaube, ich schau .................. die afrikanischen Tänze an. Ich interessiere .................. nämlich sehr für Afrika. Und was schaust du .................. an?

2. Ich weiß noch nicht, ob ich .................. die anschaue. Ich mag ja Stepptanz lieber.

3. Was hört ihr .................. eigentlich an?

4. Also, .................. hören .................. Ingo aus der 12b mit dem Saxofon an. Der spielt echt super!

5. Den hab ich schon gehört. Ich besorge .................. lieber was zu essen. Kauft .................. .................. auch das Techno-Shirt?

6. Das kaufen .................. .................. bestimmt nicht! Techno ist doch einfach nur laut.

## 10 *Mich* oder *mir*? – Das ist hier die Frage!

Akkusativ oder Dativ – was passt? Kreuz bitte an.

| | mich | mir | |
|---|---|---|---|
| 1. Ich interessiere | | | für Sport. |
| 2. Ich dusche | | | jeden Morgen. |
| 3. Ich putze | | | die Zähne. |
| 4. Ich fühle | | | gut. |
| 5. Ich bewege | | | viel. |
| 6. Ich kaufe | | | ein Sandwich. |
| 7. Ich sehe | | | die Urlaubsfotos an. |

***sich*-Verben mit Akkusativ oder Dativ**
sich ernähren: Ernährst du dich gesund? (Akkusativ)
sich engagieren für: Ich engagiere mich für Umweltschutz. (Präposition)
sich etwas kaufen: Ich kaufe mir einen Kaugummi. (Dativ und Akkusativ)

**Vergleiche**
jemandem etwas kaufen: Meine Eltern kaufen mir einen Fahrradhelm. (Dativ und Akkusativ)

—— = Dativ
........ = Akkusativ

# 32 Jugendgruppen

## 11 Vorsätze und Ratschläge

**a** Ergänze bitte die Sätze mit passenden *sich*-Verben. Ein Verb kommt zweimal vor.

> sich etwas ansehen / anschauen • sich etwas anhören • sich treffen • sich schminken • sich interessieren für • sich fit halten • sich verlieben • sich etwas besorgen

1. Till sollte .................... die Matheaufgaben noch einmal .....................
2. Wir wollten .................... doch im Eiscafé ....................!
3. Du solltest .................... nicht so stark ....................!
4. Sie wollte .................... den Hörtext noch einmal .....................
5. Ihr solltet .................... mehr für Naturwissenschaften ....................!
6. Du solltest .................... nicht so oft .....................
7. Ich wollte .................... noch Freikarten .....................
8. Meine Eltern sollten mehr Sport machen, um .................... .................... zu .....................
9. Du solltest .................... die Augen ...................., dann würdest du nicht so müde aussehen.

**b** Gib deinem Partner / deiner Partnerin Ratschläge mit *sich*-Verben.

*Du solltest dir nicht so viele Comichefte kaufen!*

## 12 Variationen

KB: 12

Wie steht es im Text (Kursbuch, Übung 12)? Vergleiche bitte und schreib die Sätze neu mit den Ausdrücken aus dem Text.

**Text 1:**

1. Für viele Jugendliche und Erwachsene *ist der Computer der beste Freund.*
   *Viele Jugendliche, aber auch Erwachsene haben den Computer zum besten Freund.*
2. *Nicht nur Jugendliche, auch viele Arbeitslose* sind gefährdet, …
   ..........................................................................................
3. Der Computer *kann nichts dafür.*
   ..........................................................................................

**Text 2:**

1. Jugendliche und Erwachsene *essen am liebsten Schokolade.*
   ..........................................................................................
2. Experten *wissen heute immer noch nicht*, ob …
   ..........................................................................................

**Text 3:**

1. Immer mehr Jugendliche *brauchen ihre wöchentlichen Shopping-Touren.*
   ..........................................................................................
1. Manche *bitten sogar Freunde und Bekannte um Geld.*
   ..........................................................................................

## 13 Erwachsene und Jugendliche sind betroffen

**a** Markiere in den Texten im Kursbuch die Nomen aus den Adjektiven und Partizipien.

erwachsen • jugendlich • abhängig • bekannt • reich • betroffen • arbeitslos

**b** Notiere bitte die Ausdrücke aus den Texten.

| | **Plural** |
|---|---|
| **Nominativ** | viele Jugendliche, ........ |
| **Akkusativ** | ........ |
| **Dativ** | neben den Jugendlichen, ........ |
| **Genitiv** | (das Übergewicht) der ........ |

## 14 Bekannte und Verwandte

**a** Unterstreich bitte die Endungen der Adjektive und der Nomen aus Adjektiven und Partizipien.

Tara erzählt:
„Ich habe echt kein Glück mit meinen Bekannten und Verwandten: ein alter Bekannter von mir, ein netter Typ, mit dem ich jede Woche Tennis gespielt habe, hat plötzlich keine Zeit mehr für mich. Er hat sich verliebt! Mit einem anderen alten Bekannten war ich oft im Kino, aber der ist jetzt arbeitslos und als Arbeitsloser ist ihm Kino zu teuer. Die Einzige von allen meinen Bekannten, die ich noch regelmäßig sehe, ist in Deutschland sehr unglücklich und möchte gern nach Kanada zu einer Verwandten dort. Die Deutschen sind zu ordentlich und langweilig, sagt sie und spricht nur noch von den Schönen und Reichen in Kanada. Ein Verwandter von mir, irgendein komischer Onkel meiner Mutter, lebt auch in Kanada, aber er ist leider nicht reich. Ich habe manchmal das Gefühl, ich kenne nur Verliebte, Arbeitslose und Unglückliche. Ist das normal, wenn Jugendliche erwachsen werden, oder gibt es auch normale Erwachsene?"

**b** Ergänze bitte die Regel.

Nomen aus Adjektiven und Partizipien haben ........ Endungen wie ........

## 15 Diskussion

➔ **KB:** 14

Versuch, deinen Partner / deine Partnerin zu überzeugen, auf sein / ihr Suchtmittel zu verzichten. Ihr könnt auch über andere Süchte diskutieren.

| Du bist süchtig nach Erdbeereis und verbringst deine Nachmittage am liebsten im Eiscafé. | Dein Partner ist süchtig nach Tischfußball und verbringt seine Nachmittage im Jugendzentrum. | Ich bin ........ | Du bist ........ |
|---|---|---|---|

# 32 Meine Grammatik

### *denn* und *aber*, *ja* und *doch*

**a** In welchem Satz sind *denn* und *aber* Partikeln (P), in welchem Konnektoren, die Sätze verbinden (K)? Ordne bitte zu.

[ ] 1. Eine Zeichnerin ist etwas Besonderes, **denn** es gibt nicht viele Frauen in der Comicszene.
[P] 2. Was für Comics zeichnet sie **denn**?
[ ] 3. Das ist **aber** interessant!
[ ] 4. Für uns hat sie HiggiPig gezeichnet, **aber** sie zeichnet auch Mangas.

**b** Schreib bitte zwei Sätze, die zu den Fortsetzungen passen.

1. .................................................... ▶ Na klar! Das haben wir **doch** schon gelernt!
2. .................................................... ▶ Du hast **ja** nie Zeit.

### *sich*-Verben: *sich* im Dativ oder im Akkusativ?

**a** Ergänze bitte die Tabelle.

| | | ***sich* im Akkusativ** | |
|---|---|---|---|
| Ich | sehe | mich | im Spiegel. |
| Du | siehst | dich | auf Fotos. |
| Er / Sie | sieht | ........ | ........ |
| Wir | sehen | ........ | ........ |
| Ihr | seht | ........ | ........ |
| Sie / sie | sehen | ........ | ........ |
| | | **Person** | |

| | | ***sich* im Dativ** | **Akkusativ-Ergänzung** | |
|---|---|---|---|---|
| Ich | sehe | mir | die Fotos | an. |
| Du | hörst | ........ | ........ | ........ |
| Er / Sie | kauft | ........ | ........ | |
| Wir | besorgen | ........ | ........ | |
| Ihr | ........ | ........ | ........ | ........ |
| Sie / sie | ........ | ........ | ........ | ........ |
| | | **Person** | **Sache** | |

**b** Schreib kurze Sätze in dein Heft wie im Beispiel.

sich freuen (über) • sich Sorgen machen • sich wohl fühlen • sich unterhalten (mit) • sich etwas überlegen • sich verlieben • sich vorstellen • sich fürchten (vor) • sich etwas vorstellen • sich nichts daraus / aus etwas machen

*sich* im Akkusativ: Ich freue mich. / … *sich* im Dativ: Wir machen uns nichts daraus. / …

### Adjektive / Partizipien als Nomen

Ergänze bitte die Tabelle mit verschiedenen Nomen.

| | **der** | **die** | **die (Plural)** |
|---|---|---|---|
| **Nominativ** | der Bekannte<br>ein Bekannter | die ........<br>eine ........ | meine ........<br>........ |
| **Akkusativ** | den ........<br>einen ........ | ........<br>........ | ........<br>........ |
| **Dativ** | ........<br>........ | ........<br>........ | ........<br>........ |
| **Genitiv** | ........<br>........ | ........<br>........ | ........<br>........ |

# Mein Wortschatz

## Große und Kleine, Dicke und ...

**a** Ergänze bitte und finde weitere Gegensatzpaare. Schlag eventuell im Wörterbuch nach.

**Adjektive: Eigenschaften**

groß ◀▶ klein
dick ◀▶ ...........................
gut ◀▶ ...........................
jung ◀▶ ...........................
reich ◀▶ ...........................
mutig ◀▶ ...........................
schüchtern ◀▶ ...........................
...

**b** Ergänze bitte. Verwende dabei die Adjektive in **a**.

Die Menschen sind verschieden. Es gibt Große und Kleine. ...........................

...........................

## Assoziationen

**a** Was fällt dir zu diesen Personengruppen ein? Notiere deine Assoziationen.

Jugendliche

Erwachsene

die Schönen und die Reichen

meine Verwandten

**b** Vergleicht und diskutiert eure Assoziationen.

## Redemittel Diskussion

Schreib bitte in jede Rubrik drei Redemittel, die du in Diskussionen verwenden möchtest.

| Du möchtest auch etwas sagen: | Du möchtest zustimmen: | Du möchtest widersprechen: |
|---|---|---|
| ........................... | ........................... | ........................... |
| ........................... | ........................... | ........................... |
| ........................... | ........................... | ........................... |

# Meilenstein 16

Die Reise geht weiter. Sie führt dich heute von Luzern nach Bern, der Hauptstadt der Schweiz. Zeichne deinen Weg auf der Landkarte auf Seite 4 ein und sammle Meilensteine.

## 1 Ich kann Vorschläge zur Diskussion stellen.

In der Klasse gibt es oft Streit. In Gruppen diskutiert ihr Möglichkeiten, das Klassenklima zu verbessern. Verwende bitte den Konjunktiv.

einander besser zuhören

1. Wie wäre es, wenn ............ ............

Klassenfahrt machen (können)

2. ............ ............ ............

mehr Respekt für andere Meinungen zeigen (sollen)

3. ............ ............ ............

Regelmäßige Diskussionen sind hilfreich.

4. ............ ............ ............

Ich finde es schön, wenn wir etwas gemeinsam machen, z.B. ins Theater / Kino gehen.

5. ............ ............ ............

....... / 10

## 2 Ich kann mich in einer Radiosendung über eine Jugendszene informieren.

2 29

Du hörst im Radio einen Bericht über ein Wave-Gothic-Treffen.

**a** Welche Informationen bekommst du?

1. Seit wann gibt es die Grufties? ............
2. Ort des Treffens: ............
3. Datum: ............
4. Anzahl der Teilnehmer: ............

**b** Welche Aussagen sind richtig, welche falsch? Kreuz bitte an.

| | richtig | falsch |
|---|---|---|
| 1. Zum ersten Mal gab es auch Teilnehmer aus China. | ☐ | ☐ |
| 2. Alle waren schwarz geschminkt und trugen schwarze Kleidung. | ☐ | ☐ |
| 3. Die Grufties waren auch diesmal traurig und melancholisch. | ☐ | ☐ |
| 4. Alle Veranstaltungen fanden im Kongresszentrum statt. | ☐ | ☐ |

....... /8

## 3 Ich kann einen längeren Zeitungsbericht zu einem vertrauten Thema verstehen.

**a** Lies bitte den Text. Markiere die wichtigsten Informationen: Wer? Was? Wann? Wo? Warum?

Ebru Özean unterrichtet seit einigen Wochen nachmittags zweimal wöchentlich Deutsch an einem Gymnasium in Berlin. Die meisten Eltern ihrer Schüler sind aus der Türkei, zu Hause wird Türkisch gesprochen.

Auf dem Programm stehen Hilfe bei den Hausaufgaben sowie Übungen für Grammatik, Hör- und Leseverständnis, Rechtschreibung und Wortschatzerweiterung. „Wenn ein Schüler die deutschen Erklärungen nicht versteht, kann ich auf Türkisch weiterhelfen, das ist für die Schüler ein großer Vorteil", berichtet die 22-jährige Studentin. Dass die Zuordnung der richtigen Artikel eine besondere Schwierigkeit der deutschen Sprache ist, weiß sie aus eigener Erfahrung. Auch sie stammt aus einem türkischen Elternhaus, mit 6 Jahren kam sie nach Berlin. Jetzt gibt sie Schülern aus Migrantenfamilien Förderstunden. Gleichzeitig ist sie Vorbild für die Schüler. „Dass ich die deutsche Sprache beherrsche und als Frau Mathematik und Physik studiere, flößt ihnen Respekt ein. Und sie sehen: Wenn ich es geschafft habe, können sie das auch."

Ebru Özean gehört zu den rund 22 Lehramtsstudenten, die im Rahmen des Programms „Sprint" (Sprache und Integration) etwa 100 Kinder und Jugendliche zwischen zehn und 16 Jahren in Berlin-Wedding in Kleingruppen unterrichten. Ziel des Programms ist es, Schülern aus Migrantenfamilien die Möglichkeit zu geben, ihre schulischen Leistungen zu verbessern. Gefördert werden die Schüler auch durch Theaterarbeit und das Erstellen einer Schülerzeitung. Aber auch Ebru Özean profitiert davon: „Im Studium kommt die Praxis zu kurz", sagt sie. „ Auf diese Weise lerne ich, Unterricht zu planen und individuell auf Schüler einzugehen".

(nach: Klett Themendienst, August 2006)

........ / 12

**b** Antworte bitte auf die Fragen. Schreib auf ein Extra-Blatt.

1. Wo hat Ebru Özean ihre Schulzeit verbracht?
2. Was will sie werden?
3. Warum gibt sie in einer Berliner Schule Deutschunterricht? (Nenne zwei Gründe.)
4. Woher kommen die Eltern ihrer Schüler?
5. Wie werden die Schüler gefördert?
6. Warum haben die Schüler Respekt vor Ebru Özean?

## 4 Ich kann Nomen aus Adjektiven richtig deklinieren.

Ergänze bitte die Endungen in dem Interviewausschnitt mit Ebru Özean.

„Die Jugendlich........ brauchen die Hilfe der Erwachsen......... Ein Jugendlich........ hat schon einmal die Klasse wiederholen müssen, eine der Jugendlich........ schreibt in Deutsch nur Sechsen. Eine Jugendlich........ kann die Hausaufgaben nicht alleine machen. Viele Betroffen........ haben Probleme in Deutsch.

........ / 6

## 5 Ich kann meine Ziele angeben.

Ergänze bitte die Sätze.

1. Ich lerne Deutsch, um ..........................................................
2. Ich mache meine Hausaufgaben immer schnell, damit ..........................................................

........ / 4

**Wie viele Meilen hast du gesammelt?**
**Bis 20 Meilen:** Bern hat eine schöne Altstadt mit Laubengängen und Brunnen. Setz dich irgendwo in den Schatten und wiederhole die Übungen aus Lektion 31 und 32.
**21–30 Meilen:** Du hast eine gute Leistung gebracht. Deshalb hast du jetzt Zeit und kannst im „Bärengraben" das Berner Wappentier, die Bären, beobachten.
**31–40 Meilen:** Super Ergebnis! Wenn du so gut schwimmen kannst, wie du den Test gelöst hast, dann geh ans Ufer der Aare (Berns Fluss) und schwimm ein bisschen mit der Strömung mit. Aber du musst wirklich gut schwimmen können, denn die Strömung ist ziemlich stark.

........ / 40

# 33 Echt sehenswert!

## 1 Sehenswürdigkeiten ➔ KB: 1

**a** Lös bitte das Kreuzworträtsel mit Hilfe der Bilder.

1

2

3

4
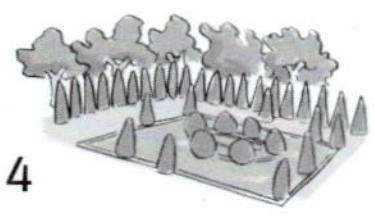
5

6

7

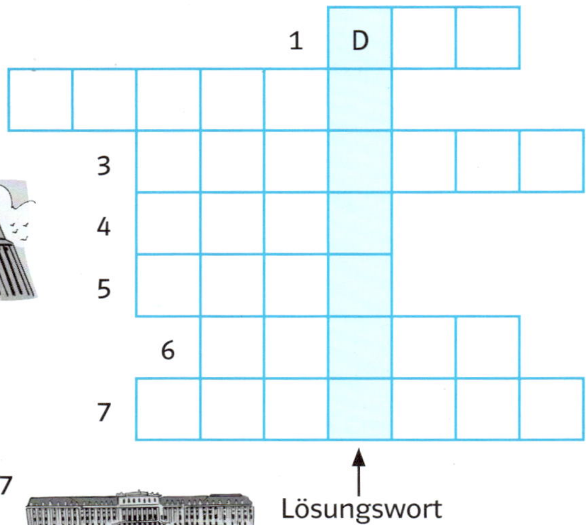

**b** Ergänze bitte das Lösungswort im folgenden Satz.

Das Goethe-Schiller-.............................................. steht auf dem Theaterplatz in Weimar.
(Die Stadt findest du auf der Deutschlandkarte im Kursbuch 2.)

## 2 Wo ist das?

Wo findet man diese Sehenswürdigkeiten? Ergänze bitte.

Zürich ○ Graz ○ München ○ Wien ○ Ulm ○ Berlin

1. Das Brandenburger Tor in .................................. war ein Symbol für die Teilung der Stadt.
2. Das Kunsthaus in .................................. ist ein architektonisches Wahrzeichen der Stadt.
3. Der höchste Kirchturm der Welt steht in ...................................
4. Die Bahnhofstraße in .................................. ist die teuerste Straße der Schweiz.
5. Schloss Schönbrunn, die Sommerresidenz der österreichischen Kaiserfamilie, lag früher weit vor den Toren von ................................... Heute liegt es mitten in der Stadt.
6. Der Englische Garten ist der beliebteste Erholungsort in ...................................

## 3 Passiv und Aktiv: Der Potsdamer Platz ➔ KB: 2

**a** Was „passiert"? Und wer macht das? Such Antworten auf die Fragen in den Sätzen. Wenn du keine Antwort im Satz findest, dann setz ein Fragezeichen.

> Präsens: Der Verkehr **wird** geregelt.
> Präteritum: Die Mauer **wurde** bewacht.

1. Der Verkehr **wird** von einem Polizisten **geregelt**.

Was „passiert"? ➔ *Der Verkehr wird geregelt.*

Wer regelt den Verkehr? ➔ *Ein Polizist.*

2. Die Reste der Mauer **werden** von den Bauarbeitern **abtransportiert**.

Was passiert? ➔ ……………………

Wer transportiert die Reste der Mauer ab? ➔ ……………………

3. Die Mauer **wurde** streng **bewacht**.

Was ist passiert / Wie war das damals? ➔ ……………………

Wer hat das gemacht? ➔ *? (Das steht nicht im Text.)*

4. Es **wird** hier überall sehr viel **gebaut**. / Hier **wird** überall sehr viel **gebaut**.

Was passiert? ➔ Überall ……………………

Wer macht das? ➔ ……………………

5. Jetzt **wird** der Kaffee **serviert**.

Was passiert? ➔ Der Kaffee ……………………

Wer macht das? ➔ ……………………

**b** Schreib bitte die Sätze aus **a** im Aktiv.

1. *Ein Polizist regelt den Verkehr.*
2. ……………………
3. Man ……………………
4. ……………………
5. ……………………

**c** Ergänze bitte die Regel für das Passiv.

> Das Passiv bildet man mit dem Verb …………… + Partizip Perfekt.
> Das Verb …………… wird konjugiert. Es steht auf ……………, das Partizip Perfekt steht …………….
> Manchmal wird beim Passiv die handelnde Person / „der Täter" genannt, manchmal nicht.
> Wenn „der Täter" genannt wird, steht er mit *von* + Dativ (Sätze 1 und 2).

# 33 Echt sehenswert!

**4 Eine Reise nach Berlin** → KB: 3

**a** Jedes Jahr machen die 10. Klassen eurer Schule eine Fahrt nach Berlin. Was passiert vor der Reise? Schreib bitte Sätze wie im Beispiel.

~~die Reise planen~~ ○ eine Unterkunft buchen ○ Fahrpläne studieren ○ Fahrkarten kaufen ○ die Koffer / Rucksäcke packen ○ Berlinbücher lesen ○ Stadtrundgänge vorbereiten ○ Informationen sammeln ○ im Internet recherchieren

*die Reise wird geplant*

........................................................................................................

........................................................................................................

........................................................................................................

........................................................................................................

........................................................................................................

........................................................................................................

........................................................................................................

........................................................................................................

**b** Und nach der Reise? Erzähl, was ihr gemacht habt / was geschehen ist, wie im Beispiel.

Erinnerungsfotos machen ○ Museen besuchen ○ Postkarten schreiben ○ eine Abschlussparty feiern ○ Souvenirs kaufen ○ ein Video drehen ○ eine Museumsführerin interviewen ○ Sehenswürdigkeiten besichtigen ○ dann wieder die Koffer / Rucksäcke packen

*Erinnerungsfotos wurden gemacht*

........................................................................................................

........................................................................................................

........................................................................................................

........................................................................................................

........................................................................................................

........................................................................................................

........................................................................................................

........................................................................................................

**c** Erzähl weiter wie im Beispiel.

| | |
|---|---|
| Wir lachten viel | → *Es wurde viel gelacht* |
| und schliefen wenig. | → *und* .................................... |
| Wir diskutierten viel | → .................................... |
| und notierten alles. | → .................................... |
| Wir lernten viel | → .................................... |
| und vergaßen nichts. | → .................................... |

*es* = unpersönliches / grammatisches Subjekt

## 5 Billig, aber lecker!

**a** Gebackener Käsetoast ist nicht teuer und schmeckt immer. Notiere bitte das Rezept.

1. 

2. 

3. 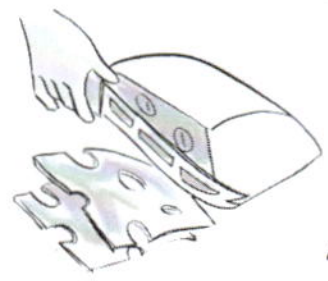

4. 

5. 

6. 

7. 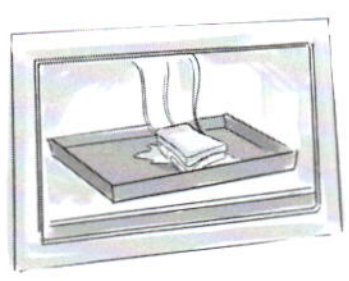

1. Die Toastscheiben werden auf ein Backblech gelegt.
2. Die Toastscheiben .................................... mit Butter bestrichen.
3. Der Käse .................................... in Scheiben ....................................
4. ....................................
5. ....................................
6. ....................................
7. Der Käsetoast .................................... bei 160 Grad ....................................



**b** Schreib bitte Satz 7 in die Tabelle.

| | konjugierte Form von ***werden*** | | Partizip Perfekt |
|---|---|---|---|
| .................... | .................... | .................... | .................... |

## 6 Eine Stadt verändert sich

➔ KB: 5

**a** Dein E-Mail-Partner / Deine E-Mail-Partnerin möchte mehr über die Stadt, in der du lebst, erfahren. Schreib ihm / ihr, was sich in den letzten Jahren verändert hat. Verwende Passiv. Sag auch deine Meinung zu den Veränderungen.

Lieber ...................... / Liebe ......................,

du schreibst, dass sich in ...................... in den letzten Jahren viel verändert hat. Und du möchtest wissen, ob das hier in ...................... auch so ist. Bei uns ....................................

....................................

....................................

....................................

Ich hoffe, du kannst mich bald einmal besuchen und alles selbst sehen.

Viele Grüße

Agnieska

**b** Tauscht bitte eure Texte aus und korrigiert sie. Besprecht eure Korrekturen.

Diese Fragen helfen dir, Fehler zu finden und zu korrigieren:

- Passen Subjekt und Verbform zusammen?
- Stimmen Zeitform und Wortstellung des Verbs?
- Stimmen die Artikel (Genus, Zahl, Akkusativ, Dativ)?
- Stimmen die Adjektivendungen?

# 33 Echt sehenswert!

## 7 Aus dem Leben der Kaiserin Elisabeth

KB: 7

**a** Lest bitte die Sätze. Stellt Fragen nach den fehlenden Informationen wie in den beiden Beispielen. Gebt Antworten mit Hilfe der Aufgabe **b**.

1. *Wessen Herz gewann Elisabeth sofort?*
3. *Um wessen Erziehung kümmerte sich die Kaiserinmutter?*

> Mit dem Fragewort *wessen* fragst du nach dem Genitivattribut:
> **Wessen** Mutter war dominant?
> Die Mutter **des Kaisers**.

1. Elisabeth gewann das Herz des ........................................ sofort.
2. Die Mutter ........................................ war sehr dominant.
3. Die Kaiserinmutter kümmerte sich um die Erziehung .........................................
4. ........................................ Sohn Rudolf beging Selbstmord.
5. Nach ........................................ Tod trug Elisabeth nur noch schwarze Kleidung.
6. 1898 wurde die Kaiserin Opfer .........................................
7. Vom Leben ........................................ gibt es mehrere Filme.
8. Am bekanntesten ist die Sisi-Darstellung .........................................

> Genitiv bei Namen:
> Elisabeth**s** jüngste Tochter hieß Valerie.

**b** Lest in den biografischen Notizen im Kursbuch (Übung 7) nach. Ergänzt die Sätze in **a** mit dem passenden Genitivattribut.

1. Elisabeth gewann das Herz *des jungen Kaisers* sofort.

> Rudolf ∘ ~~der junge Kaiser~~ ∘ die Kinder ∘ ein Attentäter ∘ der Kaiser ∘ die junge Romy Schneider ∘ Elisabeth ∘ die Kaiserin

## 8 Bericht über die Klassenreise nach Berlin

**a** Die Lehrerin schreibt einen Bericht für den Schuldirektor. Kreuz die passende Präposition an.

| | trotz | während | wegen | |
|---|---|---|---|---|
| 1. Das kleine Hotel, in dem wir | | X | | unseres Auftenthalts in Berlin wohnten, war sehr preiswert. |
| 2. Leider konnten | | | | des schlechten Wetters nicht alle geplanten Aktivitäten stattfinden. |
| 3. Aber | | | | des vielen Regens war die Reise ein voller Erfolg. |
| 4. Alle Schüler zeigten sich | | | | der Stadtrundgänge sehr interessiert. |
| 5. Einen Ausflug nach Potsdam haben wir – | | | | des großen Interesses – auch noch gemacht. |
| 6. Die meisten Schüler haben | | | | des kurzen Aufenhalts ihre Deutschkenntnisse verbessert. |
| 7. Deshalb organisiere ich | | | | der vielen Arbeit gerne wieder eine Klassenreise. |

**b** Markiere bitte die Präpositional-Ergänzung im Genitiv.

> Präpositionen mit Genitiv:
> *während, wegen, trotz*

## 9 Kuriose Sätze-Memory

Schreibt verschiedene Satzanfänge und Satzenden auf Kärtchen. Legt die Kärtchen verdeckt auf den Tisch und findet passende oder lustige Kombinationen.

Wegen eines Diskobesuchs

Während des Unterrichts

dürfen die Schüler/innen nicht geweckt werden.

konnte ich / mein Freund / meine Tochter gestern leider nicht am Unterricht teilnehmen.

hatte ich leider keine Zeit für meine Hausaufgaben.

Trotz meines Interesses für Mathematik

## 10 Sisi-Kult – Pro und Kontra

KB: 9

Was denken die Leserbriefschreiber über den Sisi-Kult? Ordne bitte die Aussagen zu. Eine Aussage passt nicht.

**A**

Sisi, Sisi, Sisi – ich kann's nicht mehr hören! Was war denn an ihr wirklich so toll, dass man noch heute so viel Wind um sie macht? Ich denke, das ist bloß Marketing der Tourismusindustrie, da sich viele Wien-Besucher/innen für Geschichte und wohl auch für ein bisschen Romantik interessieren. Aber wie es der Bevölkerung in dieser Zeit ging – dafür interessieren sie sich nicht.
*Leonie, 16*

**B**

Was die Person von Kaiserin Elisabeth selbst betrifft, so sehen viele in ihr eine Frau, die versucht hat, aus einer Rolle, die sie nicht wollte, auszubrechen. Sie war immer ein bisschen geheimnisvoll, hat sich nicht gern in der Öffentlichkeit gezeigt. Und sie hat romantische Gedichte geschrieben. Und dann noch ihr gewaltsamer Tod. Das sind Geschichten, über die die Leute gern reden.
*Roland, 15*

**C**

Im Bereich Sport und Fitness war sie ja sogar eine Pionierin, und ihre Liebe zu Reisen kann man heute auch sehr gut nachvollziehen. Außerdem ist es vielleicht für viele interessant, dass sie trotz ihrer Prominenz viele Probleme gehabt hat: ihre Flucht in den Schönheitswahn, die übertriebene Sorge um ihre Figur – das sind doch topaktuelle Themen.
*Amelie, 16*

**D**

Ich kann das ganze Theater um ihre Person nicht so wirklich verstehen. Was hat sie denn Großes geleistet? Sie war schön – aber das ist nicht ihr Verdienst. Und sie war unglücklich, weil das Hofzeremoniell so streng war. Aber sie hatte einen Mann, der sie sehr geliebt hat, der ihr jeden Wunsch erfüllt hat. Und sie konnte reisen, so viel sie wollte. Eigentlich hätte sie doch zufrieden sein können!
*Elena, 14*

1. Sisi ist ein echter Mythos: Sie war schön und ihr Leben und Sterben geheimnisvoll.
2. Der Sisi-Mythos ist doch nur ein Werbegag!
3. Ich wäre an Sisis Stelle zufrieden gewesen.
4. Sisi hat in ihrem Leben viel geleistet.
5. Sisi war im Grunde eine sehr moderne Frau.
6. Das Leben der „normalen" Leute in dieser Zeit wäre wirklich interessanter.
7. Sisi hatte alles, was man zum Glücklichsein braucht.

| A | B | C | D |
|---|---|---|---|
| | | | |

# 33 Echt sehenswert!

## 11 Menschen und Mythen

**a** Wer ist wer? Schreib die Namen zu den Fotos.

1

..................................

2

..................................

3

..................................

4

..................................

Diana, Princess of Wales
• James Dean
• Marilyn Monroe
• John F. Kennedy
• Robin Hood
• Ludwig II. von Bayern

5

..................................

6

..................................

7
Eine Person aus deinem Land
..................................

**b** Was macht diese Personen zum Mythos? Recherchiert im Internet: Was haben die Personen gemeinsam? Was unterscheidet sie?

## 12 Festtagsvokabular KB: 10

Was passt zusammen? Verbinde mit der passenden Form von *werden* und ordne die Verben zu.

veranstalten • feiern • halten • machen • anzünden • nachdenken • singen • pflegen • zubereiten • ~~schmücken~~ • aufhängen

| | | |
|---|---|---|
| Häuser und Straßen | | geschmückt |
| ein Umzug | | .................. |
| Kerzen | | .................. |
| eine Rede | wird | .................. |
| die Nationalflagge | | .................. |
| Traditionen | | .................. |
| ein Feuerwerk | | .................. |
| der Nationaltag | | .................. |
| über die Geschichte | werden | .................. |
| die Nationalhymne | | .................. |
| traditionelle Speisen | | .................. |

## 13 Unser Nationalfeiertag

**a** Wie feiern die Jugendlichen den Nationalfeiertag in ihrem Land? Lies bitte die Texte und trag die wichtigen Informationen in die Tabelle ein.

Unser Nationalfeiertag ist der 14. Juli, da denken wir an den Beginn der Französischen Revolution im Jahr 1789. Daran erinnert auch unsere Hymne, die wir gern und oft singen. Am 14. Juli gibt es eine traditionelle Militärparade in Paris und im ganzen Land Feiern. Am schönsten ist es bei uns in der Nacht, wenn man das große Feuerwerk über dem Meer sehen kann. Und dann gibt es einen schönen Ball und man kann die ganze Nacht tanzen. Mit meinen Freunden bleibe ich am liebsten am Strand, wir quatschen, singen und haben einfach viel Spaß.

***Marcel, Nizza***

Polen hat zwei nationale Feiertage.
Der 3. Mai ist der „Tag der Verfassung" und der 11. November der „Tag der Unabhängigkeit". Am 3. Mai 1791 war Polen der erste europäische Staat mit einer modernen Verfassung und nach dem Ersten Weltkrieg erklärte es am 11. November 1918 seine Unabhängigkeit. An diesen Tagen werden in ganz Polen Gedenkfeiern organisiert. Die Häuser, Straßen, Plätze und Brücken werden mit den Nationalflaggen geschmückt. In Warschau gibt es eine Parade und eine Ansprache des Präsidenten. Am Abend gibt es auch ein großes Feuerwerk.

***Teresa, Warschau***

Am 3. Oktober feiern wir den „Tag der Deutschen Einheit" zur Erinnerung an die Wiedervereinigung im Jahr 1990. Die offizielle Feier findet jedes Jahr in einem anderen Bundesland statt. Es werden Reden gehalten und die ganze Veranstaltung wird im Fernsehen übertragen. Am schönsten finde ich die Feiern am Brandenburger Tor, da finden den ganzen Tag Veranstaltungen, wie zum Beispiel Konzerte, statt.
Viele Leute nutzen den freien Tag aber auch einfach zum Ausruhen oder für einen Familienausflug.

***Elias, Berlin***

Wir feiern den Nationalfeiertag eigentlich nicht sehr groß. Er ist am 26. Oktober und erinnert an die Erklärung der Neutralität Österreichs aus dem Jahr 1955. In Wien gibt es eine Militärparade und manche Leute hängen die Nationalflagge aus dem Fenster. Am Abend gibt es auch immer eine Rede des Bundespräsidenten im Fernsehen. Als ich klein war, habe ich mit meinen Eltern an den langen Fitness-Märschen teilnehmen müssen, die man an diesem Tag organisiert. Aber jetzt genieße ich den freien Tag lieber mit meinen Freunden.

***Julia, Innsbruck***

| Land | Datum | Was wird gefeiert? | Wie wird gefeiert? |
|---|---|---|---|
| ................ | ........ | ........................ | ........................ |
| ................ | ........ | ........................ | ........................ |
| ................ | ........ | ........................ | ........................ |
| ................ | ........ | ........................ | ........................ |

**b** Schreib deinem E-Mail-Partner / deiner E-Mail-Partnerin, wie du ein anderes wichtiges Fest in deinem Land feierst.

# 33 Meine Grammatik

## Passiv und Aktiv

Wer macht das? Vergleiche bitte und ergänze.

**Wer** serviert denn den Kaffee?

Der Kaffe wird **von der Kellnerin** serviert.

1. Die handelnde Person wird genannt:

Aktiv: Die Kellnerin serviert den Kaffee.
Subjekt — Akkusativ-Ergänzung

Passiv: Der Kaffee **wird** von der Kellnerin **serviert**.
Subjekt — Präpositional-Ergänzung

Wird noch etwas anderes serviert?

**Es** werden auch Brötchen serviert. / **Brötchen** werden auch serviert.

2. Die handelnde Person wird nicht näher genannt:

Aktiv: Auf der Party serviert **man** ..................................................

Passiv: ..................................................

oder: ..................................................

## Passiv Präsens und Präteritum

Ergänze bitte die Tabelle.

| | **konjugierte Form von *werden*** | | **Partizip Perfekt** |
|---|---|---|---|
| **Präsens** | | | |
| Der Potsdamer Platz | wird | .................... vielen Touristen | .................... |
| Im Sony-Center | .................... | Filme | gezeigt. |
| .................... | .................... | .................... | .................... |
| **Präteritum** | | | |
| Kaiserin Elisabeth | wurde | .................... | begraben. |
| Im Zweiten Weltkrieg | .................... | auch in Wien viel | zerstört. |
| Nach dem Krieg | wurden | .................... | .................... |

## Präpositionen mit Genitiv

Schreib die Sätze bitte weiter.

1. Trotz des Regens ..................................................
2. Während des Unterrichts ..................................................
3. Wegen der schlechten Testergebnisse ..................................................
4. Ich bin sehr glücklich wegen ..................................................
5. Was hast du während .................................................. gemacht?
6. Wir hatten viel Spaß trotz ..................................................

# Mein Wortschatz

**Sehenswürdigkeiten**

**a** Welche Sehenswürdigkeiten verstecken sich hier? Markiere bitte.

museum|brücketurmbrunnenparkburgdomschlossdenkmalkircheplatz
einkaufsstraßetorhochhausbahnhofstadion

**b** Notiere die Sehenswürdigkeiten in deiner Stadt, die du Touristen zeigen würdest, die nur einen (oder einen halben) Tag Zeit haben. Vergleich deine Liste mit deinem Partner / deiner Partnerin. Einigt euch auf drei Sehenswürdigkeiten.

..........................................................................................

..........................................................................................

**c** Die Touristeninformation eurer Stadt sucht Leute, die Stadtführungen auf Deutsch machen können. Bewerbt euch mit einem Brief. Beschreibt euer Vorhaben und legt euren Plan bei.

Sehr geehrte Damen und Herren,

wir besuchen die Klasse .................. der ........................................ Schule.

Wir sind .................. Jahre alt und lernen seit .................. Jahren Deutsch.

..........................................................................................

..........................................................................................

..........................................................................................

..........................................................................................

Mit freundlichem Gruß

........................................ ........................................

**Unser Besichtigungsplan**

| **Sehenswürdigkeiten** | **Grund** | **Dauer der Besichtigung** |
|---|---|---|
| .................... | .................................... | ca. .............. |
| .................... | .................................... | ca. .............. |
| .................... | .................................... | ca. .............. |

**Wörter lernen**

Schreib bitte die Pluralformen der Sehenswürdigkeiten in Übung **a** in die passende Rubrik. Kontrolliere dann das Ergebnis mit dem Wörterbuch.

| -e | ¨e | ¨er | -n | -en | -s | - |
|---|---|---|---|---|---|---|
| .......... | .......... | .......... | .......... | .......... | .......... | .......... |
| .......... | .......... | .......... | .......... | .......... | .......... | .......... |
| .......... | .......... | .......... | .......... | .......... | .......... | .......... |

# 34 Was bringt die Zukunft?

## 1 Wahrsagereien ➔ KB: 1

**a** Welche Textteile gehören zusammen? Verbinde bitte.

1. Mein Horoskop?

2. Also mir hat mal ein alter Mann in Indien aus der Hand gelesen.

b) Ich finde das spannend, was sie zu den einzelnen Karten so alles erklärt. Ich glaube aber nicht wirklich daran!

d) Sie hat meinem Vater viel über seine Zukunft erklärt. Wir haben beide sehr darüber gelacht.

3. Als Kind war ich bei einer Silvesterfeier. Da gab es ein Zelt mit einer Frau, die vor einer Kristallkugel saß.

c) Das lese ich jeden Tag in der Zeitung. Ich finde das witzig, auch wenn es wahrscheinlich ein ziemlicher Unsinn ist.

4. Meine Freundin legt Tarotkarten.

a) Er hat mir die verschiedenen Linien erklärt und wirklich viel über mich erzählt. Ich fand das interessant.

**b** Entscheide nun, ob die Jugendlichen daran glauben oder nicht.

| | Glaubt daran. | Glaubt nicht daran. |
|---|---|---|
| 1. | | |
| 2. | | |
| 3. | | |
| 4. | | |

## 2 Eine klare Zukunftsvision ➔ KB: 2

**a** Hör bitte zu. Was wünscht sich Christiane für die Zukunft? Notiere Stichworte.

1. ..............................
2. ..............................
3. ..............................
4. ..............................
5. ..............................
6. ..............................
7. ..............................

**b** Beschreib Christianes Zukunftsvisonen in ganzen Sätzen.

1. Zuerst möchte ..............................
2. ..............................
3. ..............................
4. ..............................
5. ..............................
6. ..............................
7. ..............................

## 3 Ein schlechter Traum ➔ KB: 3

**a** Henrike träumt schlecht. Ergänze bitte die Sprechblasen.

1. Du wirst in Mathe eine 5 schreiben!
2. Dein Bruder .................. sich ein Bein brechen.
3. Tanja und du, ihr .................. euch nie mehr wiedersehen!
4. Deine Freunde .................. dich vergessen!
5. Du .................., du .................., du .................. …

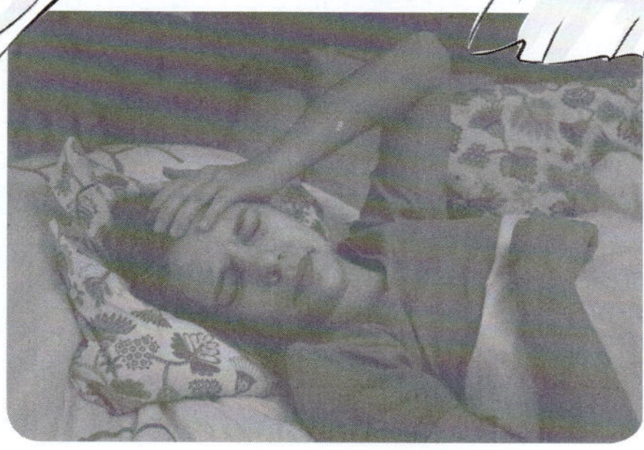

a) Nein, das werde ich nicht!

b) Nein, das .................. er nicht!

c) Nein, das .................. wir nicht!

d) Nein, das .................. sie nicht!

e) Nein, nein, das .................. ich nicht!

**b** Schreib bitte Henrikes Tagebucheintrag weiter.

*Gestern Nacht habe ich so schlecht geträumt. Aber nichts davon ist passiert. In Mathe habe ich* ..............................

..............................

..............................

..............................

## 4 Zukunftsprognosen

**a** Bei welchen Sätzen handelt es sich um dieselbe Prognose?

1. Ich bin mir sicher, dass ich in ein paar Jahren heiraten, Kinder und einen tollen Job haben werde.
2. Meine Tochter macht vielleicht zuerst eine Lehre, ich denke als Köchin oder so.
3. Ich weiß nicht, aber vielleicht studiere ich Jura wie meine Schwester und wir eröffnen dann mal zusammen ein Büro.
4. Sie jobben wahrscheinlich in den Ferien, um das Geld für einen Sprachkurs zu verdienen.
5. In zehn Jahren möchte ich eine Familie und einen super Job haben.
6. Mein Studium werde ich wahrscheinlich in Köln machen.
7. Unsere Kinder werden im Sommer einen Ferienjob suchen und dann mit dem verdienten Geld einen Sprachkurs im Ausland machen.
8. Ich bin mir zwar nicht sicher, aber ich gehe wahrscheinlich nach Köln an die Uni.
9. Sie wird zuerst eine Lehre absolvieren, nehme ich an.
10. Ich werde Jura studieren, meine Schwester wird auch als Anwältin arbeiten und zusammen werden wir ein Anwaltsbüro aufmachen.

| 1= .................. | .................. | .................. | .................. | .................. |
|---|---|---|---|---|

**b** Welche Ausdrücke und Verben weisen in den Sätzen auf Zukünftiges hin. Markiere farbig.

**c** Ergänze bitte die Regel.

Im Deutschen gibt es verschiedene Möglichkeiten, Zukunft auszudrücken:
1. Mit Temporalangaben oder Adverbien wie z. B. : ..............................
2. Mit dem Verb .............................. + ..............................

## 5 Gipfeltreffen-Vokabular

→ KB: 4

Bilde bitte aus den Silben Wörter und ordne sie den Definitionen zu. Schreib auch den Artikel zu den Wörtern.

KANZ ○ SCHAFTS ○ FEL ○ TE ○ IN ○ MER ○ SO ○ LAND ○ GEB ○ FEL ○ WICK ○ WELT ○ LAND ○ NEH ○ LU ○ NIS ○ STAATS ○ LUNGS ○ CHEF ○ GIP ○ BUN ○ TEIL ○ DES ○ ENT ○ LE ○ WIRT ○ DE ○ GIER ○ ER ○ TRIE ○ GIP ○ LE ○ DUS ○ FEN ○ RIN ○ TREF ○ RE ○ TION

Definitionen:

1. das ............ ............: Land, das wenig Industrie hat, in dem viele Menschen keine Schulbildung haben und viele Menschen arm sind.

2. ............ ............: Abschlussbericht mit Forderungen.

3. ............ / die ............ / in: nimmt an einer Tagung / einer Konferenz teil.

4. ............ ............: seit 1975 jährliches Treffen der wirtschaftlich stärksten Länder der Welt.

5. ............ / die ............ /in: steht an der Spitze des Staates.

6. ............ ............: Land, das industriell hoch entwickelt ist.

7. ............ ............: Bezeichnung für die Frau, die in Deutschland an der Spitze der Regierung steht.

8. ............ ............: z.B. abschließende Meinung / Resultat nach einer Diskussion, einer Tagung usw.

9. ............ ............: die wichtigsten Politiker treffen sich.

10. ............ / die ............: wird von einer Organisation / Partei auf eine Tagung geschickt.

## 6 Schlagzeilen

Ordne bitte die Schlagzeilen den Absätzen im Text (Kursbuch Übung 4) zu.

**1** Infos zum Junior-8-Gipfel

**2** Jugendliche wollen sich in der Politik engagieren

**3** Die Jugendlichen wollen die Politiker überzeugen

**4** Tipps von „Ex-James-Bond-Darsteller“

| | |
|---|---|
| 1. | Zeile ... - Zeile ... |
| 2. | Zeile ... - Zeile ... |
| 3. | Zeile ... - Zeile ... |
| 4. | Zeile ... - Zeile ... |

# 34 Was bringt die Zukunft?

## 7 Trotzdem geschieht nichts ➔ KB: 5

**a** Lies bitte die Schlagzeilen aus der Zeitung und ordne die Aussagen der Jugendlichen zu. Aber: Nur eine Aussage (a oder b) passt wirklich. Streich die Aussage, die nicht passt, durch.

1 **Glühbirnen verbrauchen zu viel Strom!**

2 **Die Benzinpreise klettern immer höher.**

3 **Wieder mehr AIDS-Kranke in Deutschland!**

4 **Das Klima ändert sich.**

5 **Sommer-Energiekrise schadet der Wirtschaft!**

6 **Bildung – Chance für alle!**

a) Trotzdem fahren viele Leute mit öffentlichen Verkehrsmitteln.
b) Trotzdem will niemand auf das Auto verzichten.

a) Trotzdem unternehmen die Industrienationen nicht genug gegen den $CO_2$-Ausstoß.
b) Trotzdem ist der Klimaschutz wichtiger als alles andere.

a) Trotzdem laufen die Klimaanlagen in den Büros und Geschäften Tag und Nacht.
b) Trotzdem wird im Winter fast genau so viel Energie verbraucht.

a) Trotzdem kaufen die Leute keine Energiesparlampen.
b) Trotzdem sind viele Energiesparlampen auf dem Markt.

a) Trotzdem wird in vielen Ländern nicht genug in Bildung investiert.
b) Trotzdem wurden immer wieder neue Schulen gebaut.

a) Trotzdem ist AIDS weiterhin eine Krankheit, die Angst macht.
b) Trotzdem wird zu wenig Geld für Aufklärungs- und Präventionsprogramme ausgegeben.

**b** Notiere bitte drei Schlagzeilen aus deinem Land, die dir in letzter Zeit aufgefallen sind, und kommentiere sie mit *trotzdem*.

.................................................................................

.................................................................................

.................................................................................

## 8 Resolution zum Tag der offenen Tür ➔ KB: 6

**a** Die Schüler der Klasse 9a haben eine Resolution verfasst und am Tag der offenen Tür vorgetragen. Um welche Forderungen geht es? Lies die Textteile in **b** und ordne bitte zu.

| | |
|---|---|
| neue PC-Bildschirme | ............ |
| modernere AGs | ............ |
| kein Handyverbot in den Pausen | ............ |
| Nachhilfekurse für schwächere Schüler | D |
| Getränkeautomat (für Kaffee, Schokolade ...) | ............ |

**b** Mehrere Schüler lesen die Resolution vor. In welcher Reihenfolge lesen sie? Ordne bitte die Textteile.

A ☐ ☐ ☐ ☐ ☐ ☐ ☐

A Wir, die Schülerinnen und Schüler der Klasse 9a, möchten auf für uns wichtige Punkte für Verbesserungen an unserer Schule aufmerksam machen. Bei unseren langen Diskussionen sind wir zu folgenden Ergebnissen gekommen:

B vor sieben Jahren gekauft wurden und teilweise nicht mehr funktionieren. Außerdem wäre ein Getränkeautomat für warme Getränke sehr wichtig. Dann müssten wir in der großen Pause

C nicht mehr heimlich die Schule verlassen und ins Café gehen, um – vor allem im Winter – auch mal etwas Warmes trinken zu können. Wir sind auch der Meinung, dass viele von uns modernere AGs, wie

D Als ersten Punkt nennen wir die nötigen Nachhilfekurse für schwächere Schüler. Diese waren sehr erfolgreich, es gibt sie aber seit letztem Jahr nicht mehr. Sie sollten ab

E März, also im 2. Schulhalbjahr, wieder angeboten werden. Als weiteren Punkt fordern wir neue PC-Bildschirme für den Computerraum. Wir möchten daran erinnern, dass die alten

F zum Beispiel einen Photoshopkurs, einen Digitalvideokurs, einen Kreativmalereikurs besuchen möchten. Als letzten Punkt fordern wir, dass

G Schlussfolgerung: Wir wissen, dass unsere Wünsche und Forderungen sehr direkt formuliert sind, doch sie sind unserer Meinung nach alle realisierbar. Das gemeinsame Engagement von Eltern, Lehrern und Schülern ist wichtig für den Erfolg!

H die Handybenutzung in den Pausen wieder erlaubt wird. Wir sind überzeugt, dass dies den Unterricht nicht stört.

**c** Unterstreiche bitte die wichtigsten Ausdrücke für eine Resolution.

Zum Beispiel: A ..., möchten auf für uns wichtige Punkte ... aufmerksam machen.

# 34 Was bringt die Zukunft?

## 9 Firmenprospekte auf der FUTURA ➔ KB: 7

**a** Lies die Firmenprospekte. Welche Verben passen zum R 100, welche zur „intelligenten Kleidung"? Ergänze die Verben bitte in der richtigen Form.

telefonieren • putzen • anfassen • erkennen • tragen • staubsaugen • rufen • tanzen • antworten • hören • reagieren • entwickeln • anprobieren • bedienen • spielen

..................................................

Aufräumen, .................................., Fenster .................................. und vieles mehr! Der neue Putzroboter aus Japan erledigt langweilige Hausarbeiten für Sie. Er putzt aber nicht nur, er kann sogar auch auf Befehle ...................................... Er ist nur 44 cm hoch, 8 kg schwer und hat zwei Kameras im Kopf. Sie helfen ihm, Gegenstände und sogar Gesichter zu ................................... Auf Grüße wie „Guten Tag" oder „Wie geht´s" .................................. er freundlich. Aber er ist nicht nur ein Putzroboter der Spitzenklasse! Er kann auch Musik .................................. und ...................................

..................................................

Auf der FUTURA kann man viele unserer Modelle der neuen Linie „intelligente Kleidung" selbst ..................................: Ob T-Shirts mit Heizung, Jacken, aus denen Musik kommt, oder Laufschuhe mit integriertem Trainingssystem. Alles nicht nur zum ..................................! Mit der intelligenten Jacke kann man zum Beispiel .................................. oder Musik .................................., ohne das Handy oder den iPod aus der Tasche zu nehmen. Akkus und Chips werden immer kleiner, deshalb ist intelligente Kleidung auch angenehm zu ..................................: Sie wiegt nicht viel, ist einfach zu .................................. und meist auch waschmaschinenfest. Auch Kranke dürfen sich auf die neuen intelligenten Modelle freuen: Ein T-Shirt, das bei Herzproblemen den Arzt .................................., wird derzeit ...................................

**b** Erfinde für beide Prospekte eine passende Überschrift.

## 10 Großes Medieninteresse am Skycar ➔ KB: 8

Der Pressesprecher beantwortet die Fragen der Interessenten. Formuliere bitte die Antworten.

1. Wie heißt denn die Firma, die das Skycar produziert? ➔ ...................................................
2. Wie startet dieses Auto eigentlich? ➔ ...................................................
3. Wie schnell kann es fliegen? ➔ ...................................................
4. Wie hoch kann es fliegen? ➔ ...................................................
5. Wie lange dauerte die Entwicklung des fliegenden Autos? ➔ ...................................................
6. Wie viel kostet so ein Auto? ➔ ...................................................
7. Wer hat das Skycar erfunden? ➔ ...................................................
8. Wird das Skycar eigentlich schon produziert? ➔ ...................................................

## 11 Wer muss was machen? KB: 9/10

**a** Ordne bitte die Aktivitäten den Personen zu. Vergleiche mit deinem Nachbarn / deiner Nachbarin.

Lehrerin | Mama | Papa | Oma | Opa | Polizist | Ole (Schüler)

den Verkehr regeln • Jonas vom Kindergarten abholen • Vokabeln lernen • seine Hemden bügeln • nachts mit Bello Gassi gehen • Moni bei den Hausaufgaben helfen • Klassenarbeiten kontrollieren

Die Lehrerin muss .................................................................................................................................................

Mama muss .................................................................................................................................................

.................................................................................................................................................

.................................................................................................................................................

.................................................................................................................................................

.................................................................................................................................................

.................................................................................................................................................

**b** Hier ein paar ultimative Erfindungen! Zu wem passt welche Erfindung? Antworte bitte mit *braucht (nicht) / nie mehr ... zu.*

die Hemdbügelmaschine • der Kindergartenabholtransporter • das Hausaufgabenerklärungsprogramm • der automatische Kontrollstift • die mobile Digitalverkehrsampel • der Hundebegleitroboter • der Vokabellernautomat

Mit *der Hemdbügelmaschine* braucht *Vati nie mehr* zu .................................................................

Mit ....................................... braucht ....................................... zu .................................................................

Mit ....................................... braucht ....................................... zu .................................................................

.................................................................................................................................................

.................................................................................................................................................

.................................................................................................................................................

.................................................................................................................................................

## 12 Interjektionen KB: 11

Welche Interjektion passt zu den Sätzen? Ordne bitte zu.

Aha! • Huch! • Soso! • Puh! • Hmm, tja, ... • Ach!

| | |
|---|---|
| .................... Jetzt bin ich aber erschrocken! | .................... das muss ich mir noch überlegen. |
| .................... Und das soll ich dir glauben?! | .................... Hier riecht es aber schlecht! |
| .................... Das habe ich mir schon gedacht! | .................... Das habe ich nicht gewusst! |

# 34 Meine Grammatik

### Futur

**a** Deine Zukunftsvisionen für dich und andere. Ergänze bitte die Tabelle.

> Ich werde auf jeden Fall einen interessanten Beruf lernen, viel Geld verdienen, heiraten, Kinder haben …

| Das sagst du … | | konjugierte Form von *werden* | | Infinitiv |
|---|---|---|---|---|
| über dich selbst: | Ich | werde | ………… | ………… |
| zu deiner Freundin: | Du | ………… | ………… | ………… |
| über einen Freund: | Er | ………… | ………… | ………… |
| über dich und deine Familie: | Wir | ………… | ………… | ………… |
| zu deinen Verwandten: | Ihr | ………… | ………… | ………… |
| zu deiner Lehrerin: | Sie | ………… | ………… | ………… |
| über die Nachbarn: | Sie | ………… | ………… | ………… |

**b** Schreib drei Aussagen nochmal, aber nun mit Temporalangaben oder Adverbien, ohne *werden*.

in … Jahren • in drei Monaten • in den (…)Ferien • morgen • wahrscheinlich • vielleicht • sicher • irgendwann • nie • …

…………………………………………………………………………………………………….

…………………………………………………………………………………………………….

…………………………………………………………………………………………………….

### *trotzdem*

> Nach *trotzdem* steht das konjugierte Verb auf Position II.

**a** Ist dein Alltag auch voller Widersprüche? Beschreib sie bitte.

1. Morgens habe ich normalerweise überhaupt keine Lust aufzustehen.
   Trotzdem …………………………………………………………………………….
2. Manchmal langweile ich mich in der Schule.
   Trotzdem …………………………………………………………………………….
3. Beim Mittagessen spreche ich am liebsten nicht über die Schule.
   Trotzdem …………………………………………………………………………….
4. Am Nachmittag möchte ich mich nur mit meinen Hobbys beschäftigen.
   Trotzdem …………………………………………………………………………….
5. Abends möchte ich am liebsten fernsehen.
   Trotzdem …………………………………………………………………………….

**b** Schreib bitte einen Satz mit *trotzdem* in die Tabelle.

| | konjugiertes Verb | Subjekt | | Verb Teil 2 |
|---|---|---|---|---|
| Trotzdem | ………… | ………… | | ………… |

# Mein Wortschatz

## Traumberufe

Die Grafik zeigt Traumberufe von Jungen und Mädchen um die Jahrtausendwende. Erstelle bitte deine eigene Rangliste.

| Mädchen | | Jungen | | Meine Traumberufe |
|---|---|---|---|---|
| Designerin | 35 | Software-Entwickler | 33 | 1. ................ |
| Ärztin | 27 | Informatiker | 30 | 2. ................ |
| Journalistin | 25 | EDV-Fachmann | 24 | 3. ................ |
| Flugbegleiterin | 22 | Kfz-Mechaniker | 23 | 4. ................ |
| Architektin | 15 | Ingenieur | 21 | 5. ................ |
| Sozialarbeiterin | 15 | Maschinenbaumechaniker | 21 | 6. ................ |
| Bürokauffrau | 14 | Polizist | 13 | 7. ................ |
| Bankkauffrau | 13 | Elektroinstallateur | 13 | 8. ................ |
| Lehrerin | 13 | Journalist | 12 | 9. ................ |
| Rechtsanwältin | 12 | Architekt | 11 | 10. ................ |

## Meine Zukunftsträume

Schreib für eine Jugendzeitschrift einen Beitrag zu diesem Thema. Drücke aus, ob du überzeugt bist, dass etwas geschieht oder ob du unsicher bist.

................................................................................................
................................................................................................
................................................................................................
................................................................................................
................................................................................................
................................................................................................
................................................................................................
................................................................................................

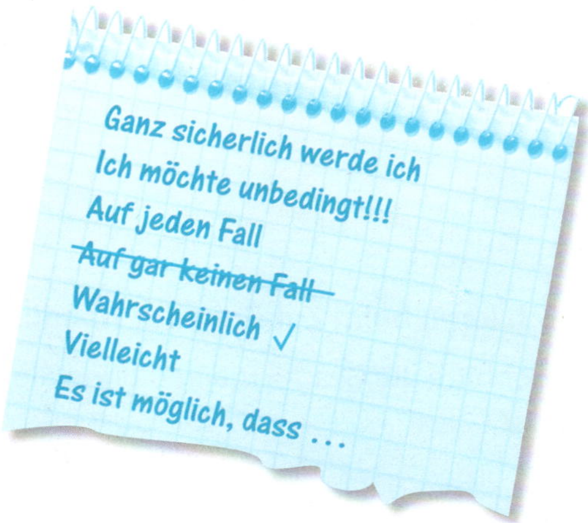


## Probleme unserer Zeit

Notiere bitte Assoziationen zu diesen Themen. Vergleiche mit deinem Partner / deiner Partnerin. Sprecht über Unterschiede.

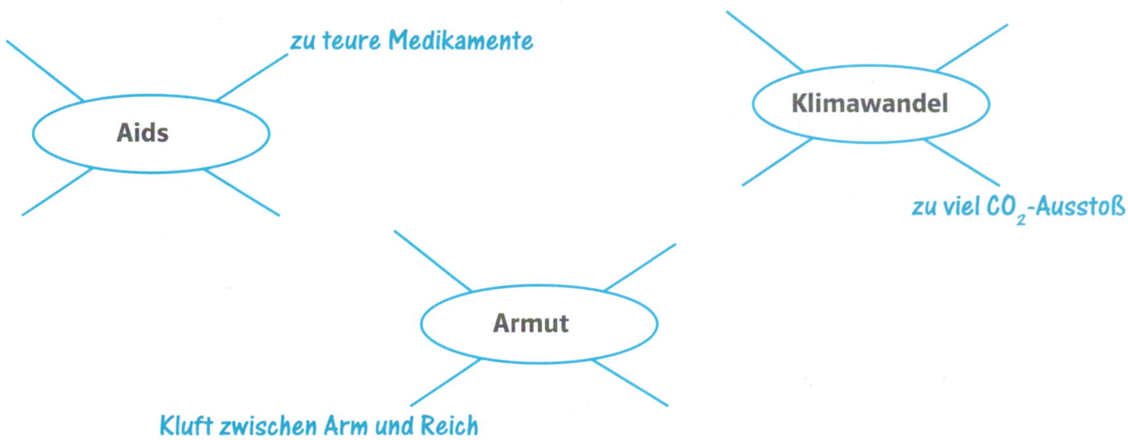

# Meilenstein 17

Und weiter geht die Reise! Diesmal fährst du in die französische Schweiz, nach Neuchâtel / Neuenburg. Zeichne deinen Weg auf der Landkarte auf Seite 4 ein und sammle Meilensteine.

## 1 Ich kann über meine Zukunftspläne sprechen.

Formuliere die Zukunftsvorstellungen der Jugendlichen. Verwende verschiedene sprachliche Mittel: Futur, Temporalangabe, Adverb.

........ /8

## 2 Ich kann beim Zuhören der Handlung einer Geschichte folgen.

3 11 Hör bitte die Geschichte und bring die Bilder in die richtige Reihenfolge.

A

B

C

D

E

F

G

H

| | | | | | | | |
|---|---|---|---|---|---|---|---|
| | | | | | | | |

........ /8

## 3 Ich kann einen kurzen Text über eine historische Persönlichkeit schreiben.

Gestalte bitte aus den Bausteinen einen Text.

- Elisabeth – geboren: 24. Dezember 1837 – Bayern – glückliche Kindheit
- 15 Jahre – junge Kaiser Franz Joseph – sich verlieben – heiraten – April 1854
- Elisabeth – sehr schön – unglücklich – Schwiegermutter dominant – Kindererziehung
- Luxus – ruhelos – viele Reisen – keine Politik – nur Ungarn
- Kronprinz Rudolf – 31 Jahre – Selbstmord – mehr Reisen
- 10. September 1898 – ermordet – Genf – Anarchist
- Wien – Kapuzinergruft begraben

..................................................................................................................

..................................................................................................................

..................................................................................................................

..................................................................................................................

..................................................................................................................

..................................................................................................................

.................................................................................................................. ........ / 18

## 4 Ich kann logische Beziehungen zwischen Satzteilen ausdrücken.

Drück die logischen Beziehungen mit Hilfe der Präpositionen *wegen*, *während*, *trotz* aus.

1. Der Potsdamer Platz wurde zerstört. (Zweiter Weltkrieg)
   ........................................ wurde der Potsdamer Platz zerstört.
2. Die Menschen in Ost- und Westberlin konnten sich 28 Jahre lang nicht besuchen. (Mauerbau)
   ........................................ konnten sich die Menschen in Ost- und Westberlin 28 Jahre lang nicht besuchen.
3. Viele Westdeutsche waren noch nie in den neuen Bundesländern. (Wiedervereinigung)
   ........................................ waren viele Westdeutsche noch nie in den neuen Bundesländern.

........ / 3

## 5 Ich kann ausdrücken, dass etwas nicht mehr gemacht werden muss.

Schreib die Sätze bitte weiter.

1. Dein Vater hat eine Gelddruckmaschine. Er braucht ........................................
2. Deine Mutter hat einen Staubsaugerroboter. Sie ........................................
3. Du hast einen automatischen Lügenerzähler. Du ........................................

........ / 3

**Wie viele Meilen hast du gesammelt?**
**Bis 20 Meilen:** Du bist jetzt in der französischen Schweiz, du erkennst es an den Straßenschildern. Sprich bei deinem Bummel durch die Altstadt ein paar Leute an und probier aus, ob sie auch Deutsch verstehen. Wiederhol dann die Übungen der Lektionen 33 und 34.
**21–30 Meilen:** Du hast gut gearbeitet, bist jetzt hungrig und durstig. Geh in ein Restaurant in der Altstadt und iss ein original Schweizer Fondue (halb Gruyère / halb Vacherin).
**31–40 Meilen:** Glückwunsch! Und du bist noch gar nicht müde? Dann musst du unbedingt nach La Chaux-de-Fonds zum Internationalen Uhrenmuseum fahren. Dort gibt es alle Arten von Swatch-Uhren zu sehen. La Chaux-de-Fonds ist nämlich die Heimat der Swatch-Uhren.

........ / 40

# 35 Veränderungen

## 1 Was ändert sich? KB: 1/2

Was passt zusammen? Verbinde bitte und notiere die Ausdrücke. Manchmal gibt es zwei Möglichkeiten.

| | | |
|---|---|---|
| | andere Wohnung | kennen lernen |
| ein | neues Familienmitglied | färben |
| sich die | Haare | bekommen |
| in eine | Unfall | brechen |
| einen | neue Freunde | ziehen |
| sich in einer | Moped | haben |
| ein paar | Arm | geschenkt bekommen |
| sich den | fremden Stadt | verbringen |
| | Kilo | abnehmen |
| | Schuljahr im Ausland | orientieren |

in eine andere Wohnung ziehen, ........................................................................

..........................................................................................................

..........................................................................................................

## 2 Veränderungen in meinem Leben KB: 2

**a** Was passt zusammen? Kombiniere bitte und ergänze die fehlenden Nomen.

1. Ich habe mich bei einem Unfall verletzt.

2. Meine Eltern lassen sich scheiden.

3. Ich habe mir die Haare schneiden lassen.

4. Ich habe die Schule gewechselt.

5. Meine Eltern wollen umziehen.

a) Du Ärmste! So eine .................... ist keine schöne Sache.

b) So ein .................... hat doch auch seine guten Seiten. Man lernt eine neue Stadt kennen, …

c) Ich hoffe, deine .................... ist nicht allzu schwer!

d) Super Haar....................! Zu welchem Friseur gehst du?

e) Und wie geht's dir so kurz nach dem Schul....................?

**b** Notiere bitte die Verben / die verbalen Ausdrücke und die Nomen.

| Verben | Nomen |
|---|---|
| sich verletzen | die ........................ |
| ........................ | ........................ |
| ........................ | ........................ |
| ........................ | ........................ |
| ........................ | ........................ |

## 3 Chaos in der Redaktion

➔ **KB:** 2/3

Durch einen Computerfehler wurden zwei Texte vermischt. Finde heraus, welche Teile zu Text A und welche zu Text B passen. Bring sie dann in die richtige Reihenfolge.

| | | |
|---|---|---|
| | **1** | Meine Eltern waren gleich einverstanden, dass ich einen Kletterkurs besuche. Ich verbringe nun jede freie Minute in der Kletterhalle, oft auch am Wochenende. |
| | **2** | Langsam haben wir uns mit der Situation abgefunden, doch dann hat Mama ihren neuen Freund, Klaus, kennen gelernt. |
| | **3** | Meinen Freunden ist mein neues Selbstbewusstsein auch schon aufgefallen. Viele unterstützen mich, aber andere beklagen sich, dass ich zu wenig Zeit für sie habe. |
| Text A | **4** | Mein Leben hat sich total verändert, als sich meine Eltern vor zwei Jahren scheiden ließen. Ich weiß, dass das heute sehr oft vorkommt, trotzdem war's der totale Schock für meine Schwester und mich. |
| | **5** | Obwohl ich früher eher schüchtern und total unsicher war, klettere ich nun ohne Angst auf richtig steile Felswände. |
| | **6** | Doch nun steht uns die nächste Veränderung bevor: Mama und Klaus bekommen ein Baby, obwohl ich ja der Meinung bin, dass vier Kinder wirklich genug sind. – Aber was soll's, eine Großfamilie macht echt Spaß! |
| | **7** | Der große Wendepunkt in meinem Leben war etwas ganz Gewöhnliches, nämlich eine TV-Doku über einen Bergsteiger. Er hat so unheimlich glücklich und frei gewirkt. Das wollte ich unbedingt auch erleben. |
| | **8** | Obwohl er wirklich immer echt nett zu uns war, konnten wir uns lange Zeit nicht an ihn gewöhnen. Vor einem halben Jahr haben Mama und er geheiratet, und wir alle, Klaus hat auch zwei Kinder, wohnen jetzt in seinem Haus. |
| | **9** | Mir gefällt mein neues Leben auf jeden Fall sehr gut, und ich freue mich schon auf tolle Touren in den Alpen. |
| | **10** | Papa ist weggezogen, und wir sind bei Mama geblieben. In den Ferien und am Wochenende sind wir natürlich noch oft bei ihm. |
| | **11** | Meine Noten sind trotzdem gut, da können meine Eltern nichts dagegen sagen, dass ich so oft trainiere. Ich merke aber, dass mich das Klettern verändert hat. |
| | **12** | Anfangs sind Silke und ich ja überhaupt nicht mit unseren „neuen Geschwistern" zurechtgekommen, doch inzwischen verstehen wir uns echt gut. |

**Text A:** „Meine kunterbunte Patchwork-Familie" (Clemens Hofmeister, 15)

| | | | | | |
|---|---|---|---|---|---|
| 4 | | | | | |

**Text B:** „Mein Hobby hat mich selbstbewusst gemacht" (Susanne Abraham, 16)

| | | | | | |
|---|---|---|---|---|---|
| | | | | | |

# 35 Veränderungen

## 4 Es könnte auch anders sein ➔ KB: 3

**a** Verbinde bitte die Haupt- und Nebensätze und das passende Verb.

1. Mareike spielt nicht mehr gern mit ihrer kleinen Schwester,
2. Susannes Noten sind sehr gut,
3. Susanne klettert ohne Angst auf steile Felswände,
4. Jonathan möchte wieder mit dem Moped fahren,
5. Unsere Eltern bekommen noch ein Baby,
6. Felix fühlt sich wie ein neuer Mensch,
7. Die Scheidung unserer Eltern war ein totaler Schock für uns,
8. Anna war sehr glücklich im Ausland,

**obwohl**

a) sie früher total unsicher
b) vier Kinder ja eigentlich genug
c) sie die Kleine wirklich
d) sie viel Zeit in der Kletterhalle
e) sich heutzutage schon viele Paare scheiden
f) er nur eine andere Frisur
g) sie nur sehr selten mit ihren Freunden telefonieren
h) er einen schweren Unfall

**sind.** **hat.** **konnte.** **hatte.** **war.** **verbringt.** **lassen.** **mag.**

**b** Forme die Sätze mit *trotzdem* um.

1. Mareike mag die Kleine wirklich. Trotzdem spielt sie nicht mehr gern mit ihr.
2. ..............................
3. ..............................
4. ..............................
5. ..............................
6. ..............................
7. ..............................
8. ..............................

## 5 Und trotzdem bin ich soooooo glücklich ...

Lies das Gedicht und schreib selbst ein ähnliches.

Obwohl ich verschlafen habe,
obwohl meine neue Hose ein großes Loch hat,
obwohl mein Lieblingspullover immer noch in der Wäsche ist,
obwohl mein Fahrrad keine Luft hatte
und obwohl ich meine Hausaufgaben vergessen habe,
bin ich heute so unendlich glücklich,
weil du mich endlich nach meiner Handynummer gefragt hast.
(Raphaela, 15)

Obwohl ich ...
obwohl ...
obwohl ...
obwohl ...
und obwohl ...
bin ich ...
weil ...

## 6 Gründe und Gegengründe

**a** Welches Wort passt? Ordne bitte zu. Zwei Wörter passen zweimal.

trotzdem • aber • weil • denn • obwohl • deshalb

1. Felix wollte mit Susanne einen Tanzkurs besuchen, .................................. sie hatte keine Zeit.
2. Kati ist sauer, .................................. Susanne nur noch ihr Hobby im Kopf hat.
3. Für Susanne ist Klettern sehr wichtig, .................................. hat sie wenig Zeit für ihre Freunde.
4. Die Freunde treffen sich nur noch selten. .................................. kann Felix Susanne gut verstehen.
5. Lena würde auch gern klettern, .................................. sie ist viel zu ängstlich dafür.
6. Kati muss sich an Susannes Hobby gewöhnen, .................................. sie nicht glücklich darüber ist.
7. Susanne trainiert sehr hart, .................................. sie möchte mit ihrem Verein in die Alpen fahren.
8. Ein persönliches Hobby ist wichtig, .................................. sollte Susanne am Tanzkurs teilnehmen.

**b** Ergänze die Tabellen mit Sätzen aus **a**.

| 1. Verbindung zwischen zwei Hauptsätzen: Hauptsatzkonnektor | | Position I | II | |
|---|---|---|---|---|
| | **Konnektor** | **Subjekt** | **konjugiertes Verb** | |
| .................................. | aber | .................. | .................. | .................................. |
| .................................. | denn | .................. | .................. | .................................. |

| 2. Verbindung zwischen zwei Hauptsätzen: Adverb | Position I | II | III | |
|---|---|---|---|---|
| | **Konnektor** | **konjugiertes Verb** | **Subjekt** | |
| .................................. | Trotzdem | .................. | .................. | .................. |
| .................................. | deshalb | .................. | .................. | .................. |

| 3. Haupt- und Nebensatz: Nebensatzkonnektor | Position I | II | | |
|---|---|---|---|---|
| | **Konnektor** | **Subjekt** | | **konjugiertes Verb** |
| .................................. | obwohl | .................. | .................. | .................. |
| .................................. | weil | .................. | .................. | .................. |

**Nebensatzklammer**

**c** Ergänze bitte die Regeln.

- *aber, denn (oder, und)* verbinden zwei Hauptsätze, das konjugierte Verb steht auf Position .........................
- Nach den Adverbien *trotzdem* und *deshalb* steht das konjugierte Verb auf Position .........................
- ........................., *weil* (und andere Nebensatzkonnektoren) leiten einen Nebensatz ein, das konjugierte Verb steht .........................

# 35 Veränderungen

## 7 Nichts anderes mehr im Kopf

3/13

Kati, Lena und Felix diskutieren über Veränderungen im Freundeskreis. Hör bitte zu und beantworte die Fragen.

1. Womit verbringt Susanne fast ihre ganze Freizeit?
   ..............................................................
2. Warum kann Julian nicht zum Tanzkurs kommen?
   ..............................................................
3. Was macht Felix am Wochenende?
   ..............................................................
4. Wohin geht Hannah nicht mehr?
   ..............................................................
5. Warum nicht?
   ..............................................................
6. Und was ist mit Alex?
   ..............................................................
7. Was ist Lenas Hobby?
   ..............................................................
8. Was könnte die Clique gemeinsam unternehmen?
   ..............................................................

## 8 Protokoll eines Umzugs ➔ KB: 5

Hier stimmt einiges nicht. Lies bitte die Zusammenfassung und korrigiere die Sätze.

1. Als der Tag des Umzugs näher kam, musste sich Daniel von seinen Kumpels vom Fußballclub verabschieden, was ihm sehr leicht gefallen ist. — *Handballverein* ..............................
2. Dann ist der Umzugswagen gekommen und hat alles von Stuttgart nach Dresden transportiert. ..............................
3. In Stuttgart mussten sie dann alle Kisten und Möbel einpacken und in den dritten Stock schleppen. ..............................
4. In der ersten Nacht haben sie in Hängematten über dem Boden geschlafen. ..............................
5. Im Supermarkt hat Daniel eine Überraschung erlebt, hier konnte er keine Pfannkuchen, aber dafür Hamburger kaufen. ..............................

6. Weil die Familie noch immer keinen <u>Kühlschrank</u> hatte, bestellte sie ihr Essen beim <u>Schnitzelexpress</u>. ..................................................

7. <u>Am Bahnhof</u> nimmt Daniel immer den falschen <u>Zug</u>. ..................................................

8. Daniels Mutter hat schwere <u>Bücher</u> gekauft. Zum Glück hat der Nachbarjunge Ben Daniel <u>einkaufen</u> geholfen. ..................................................

## 9 *Was* oder *wo*?

Ergänze bitte die fehlenden Relativpronomen.

1. Ben und Daniel waren in Lokalen, *wo* richtig viel los war.
2. Daniel sucht die Straße, .................... seine neue Schule steht.
3. Du kannst beim Pizzablitz alles bestellen, .................... du möchtest.
4. In der Bäckerei gibt es vieles, .................... Daniel noch nicht kennt.
5. Ist das die Haltestelle, .................... du aussteigen musst?
6. Schmeckt dir das wirklich, .................... du gerade isst?
7. Bist du glücklich in der Stadt, .................... du wohnst?
8. Es gibt nichts, .................... wir nicht schaffen!

> Relativpronomen *wo*:
> **Wo** <u>ist</u> viel los? (Frage)
> Sie waren in Lokalen,
> **wo** viel los <u>ist</u>. (Relativsatz)

> Relativpronomen *was*:
> **Was** <u>willst</u> du wissen? (Frage)
> Ich sage dir **das** / **alles**,
> **was** du wissen <u>willst</u>. (Relativsatz)

## 10 Was für eine Pizza? KB: 6

**a** Kerstin und Fiona möchten beim Pizzaservice eine Pizza bestellen. Bring bitte die Dialogteile in die richtige Reihenfolge. Was für eine Pizza bestellen die Mädchen?

| | **Kerstin** |
|---|---|
| | Mmmh ja, wir könnten eine Pizza bestellen. |
| | Salat ist auch okay. Auf meiner Pizza muss auf jeden Fall Schinken sein. |
| | Prima, dann rufen wir gleich den Pizzaservice an. |
| *1* | Ich hab so einen Hunger! Du auch? |
| | Aber Spinat schmeckt mir nicht. Was hältst du von einer Pizza Hawaii? |
| | Stimmt, teilen wir uns eine und nehmen wir dafür noch ein Dessert. |

| | **Fiona** |
|---|---|
| | Pizza Hawaii ist auch okay, aber bitte Ananas ohne Schinken. Du kannst ja den Schinken extra dazubestellen. |
| | Oh ja, ich bin auch am Verhungern! Bestellen wir uns was? |
| | Schinken? Nein, das will ich heute nicht. Lieber eine Gemüsepizza mit Spinat. |
| | Gute Idee! Eine Pizza für jede von uns ist aber bestimmt zu viel. |
| | Süßes haben wir zu Hause, nehmen wir lieber noch einen Salat. |

**b** Kerstin ruft beim *Pizzablitz* an. Aber dort haben sie die Pizza, die die Mädchen wollen, nicht im Angebot. Der Mann von *Pizzablitz* macht verschiedene Vorschläge. Spielt das Gespräch zu dritt. Die Wendungen im Kursbuch helfen.

## Pizzablitz

**Tel. 524 35 66**

***Wir liefern alles heiß und frisch auf Ihren Tisch – nur 1 Euro mehr!***

**Nudelgerichte:**
Gemischte Nudelplatte ............... € 7,30
Lasagne ............................. € 7,20
Spagetti mit Tomatensoße ........... € 7,00
Spagetti mit Fleischsoße ............ € 7,20
Spagetti mit Pilzsoße ............... € 7,50

**Pizzas:**
Pizza Margherita: Käse, Tomaten, Basilikum .... € 6,60
Pizza Regina: Schinken, Käse, Champignons ... € 7,20
Käsepizza: 4 Käsesorten ........................ € 7,30
Salamipizza: Käse, Salami ....................... € 7,30
Thunfischpizza: Thunfisch, Käse, Zwiebeln ...... € 7,30
Gemüsepizza: Tomaten, Paprika, Mais ........... € 7,20
Pizza 4 Jahreszeiten: mit allem .................. € 7,80
Familienpizza: 2 Euro Aufpreis
Kleine Pizza: 1 Euro billiger

**Salate:**
Kleiner gemischter Salat .............. € 3,50
Große Salatschüssel ................... € 5,80
Salat mit Thunfisch .................... € 6,80
Salat mit Putenstreifen ................ € 7,80

**Extras:** Aufpreis je 1 €
Erbsen – Mais – Zwiebeln – Champignons – Ei – Spinat – Käse – Salami – Artischocken

**Getränke:**

| | | | |
|---|---|---|---|
| Cola 0,5 l | € 2,20 | Mineralwasser | € 1,50 |
| Fanta 0,5 l | € 2,20 | Cappy 0,3 l | € 2,20 |
| Sprite 0,5 l | € 2,20 | | |

## 11 Maschinen arbeiten lassen KB: 7

Ergänze bitte die Formen von *lassen*.

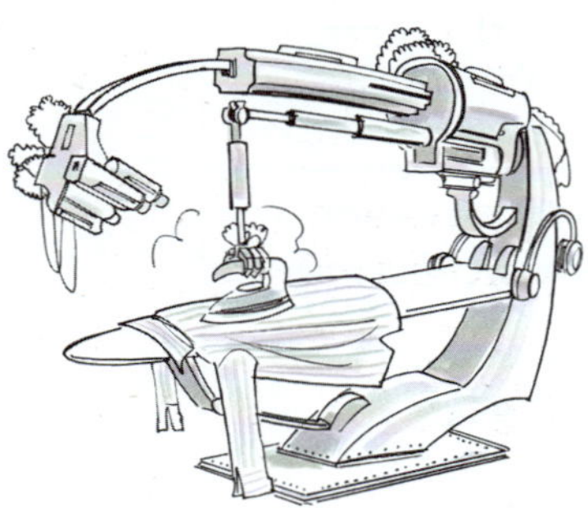

1. Ich bügle meine Hemden nie selbst. Ich .................... sie bügeln.
2. „Warum .................... du deine E-Mails nicht von dem neuen automatischen Schreibprogramm schreiben?"
3. Lukas antwortet nicht selbst. Er .................... seinen Anrufbeantworter antworten.
4. Wir tragen unsere Einkäufe nie selbst nach Hause. Wir .................... sie vom städtischen Transporto-Mobil transportieren.
5. „Warum geht ihr mit Bello Gassi? .................... doch den Hundebegleitroboter kommen!"
6. Viele Leute denken nicht mehr selbst. Sie .................... einen Denkautomaten denken.
7. „.................... Sie sich die Haare doch von einem Haarschneideroboter schneiden! Das ist billiger!"

## 12 Was machst du selbst? Was lässt du andere machen?

**a** Ordne bitte zu. Vergleicht dann in der Klasse. Verwende eventuell eigene Beispiele.

dein Pausenbrot
deine Schuhe putzen
dein Zimmer aufräumen
die Fenster in deinem Zimmer putzen
deine Mathe- / Deutsch-Hausaufgaben
dein Mittagessen kochen
schwere Sachen tragen
dein Fahrrad reparieren
E-Mails beantworten
deine Haare schneiden

**Das mache ich selbst!**

..............................
..............................
..............................
..............................
..............................

**Das lasse ich machen! Von wem?**

Mein Pausenbrot lasse ich von meiner Mutter machen.
..............................
..............................
..............................
..............................

**b** Drücke fünf Sätze mit Passiv aus. Schreib die Sätze in dein Heft.

Mein Pausenbrot wird von meiner Mutter gemacht.

## 13 Auf dem Land wäre alles anders ➔ KB: 10

**a** Vanessa spricht über ihr Leben in der Großstadt und ihre Träume vom Landleben. Ergänze bitte die fehlenden Verben.

Hallo, ich .............. Vanessa, .............. in Hamburg und .............. eigentlich ganz zufrieden mit meinem Leben. Nur manchmal .............. ich raus aus der Großstadt! Hier .............. alles immer so hektisch und laut. Die Leute .............. aneinander vorbei, keiner .............. sich für den anderen. Auf dem Land wäre.............. das anders, da .............. mich alle kennen. Wenn ich Leute auf der Straße treffen .............., .............. wir einander grüßen, manchmal .............. wir stehen bleiben und miteinander plaudern. Ich .............. immer mit dem Fahrrad fahren und .............. mich nicht in eine überfüllte U-Bahn quetschen. Wir .............. einen Hund und ich .............. nachmittags immer mit ihm im Grünen spazieren gehen. Hier in der Stadt .............. wir in einem Hochhaus, ich .............. nur selten Freunde mitbringen. Abends .............. ich nicht zu laut Musik hören, weil sich sonst die Nachbarn beschweren. Und die Gerüche! Wenn ich das Fenster in meinem Zimmer .............., .............. es nach Autoabgasen oder nach dem Restaurant um die Ecke. Man .............. den Lärm von der Straße, den Verkehr, Autohupen und Alarmsirenen. Auf dem Land .............. ich bei offenem Fenster schlafen, die Vögel .............. mich morgens wecken und besonders schön .............. es, wenn es regnet. Da .............. ich mich unter meine Decke kuscheln, dem Regen zuhören und die nasse Erde riechen.

3/17 **b** Hör bitte zu und kontrolliere deinen Text.

**c** Schreib einen Text über deine Realität und deine Träume.

# 35 Veränderungen

## 14 Fortsetzung folgt ...

**a** Lies den Textauszug aus „Marsmädchen" einmal ganz durch. Bearbeite dann Aufgabe **b**.

Laura setzt sich an den Tisch und schiebt mir die Tasse und das Zuckerschälchen zu. Sie lächelt und dann schaut sie mich an und sagt plötzlich: „Heilige Scheiße, magst du eigentlich Kaffee?" Dann lacht sie los und kann nicht mehr aufhören. Und das ist irgendwie schön. Dieser Phillip hält endlich die Klappe, vor mir steht der Kaffee und genügend Zucker, um damit die Alpen zu bestreuen. Während Laura lacht, löffle ich nach und nach fünf Löffel voll Zucker in meine Tasse. Rühre um. Ziehe den Stuhl an den Tisch.

Und dann sitz ich da und höre zu, wie Phillip weiter über Musik palavert, wie Laura zuhört und mich immer mal wieder anlächelt und irgendwann Kekse rausholt. Kaffeekränzchen[1]. Ich sitze da einfach nur, werde wieder warm, meine Hände tauen auf. [...] So ist es richtig. Es gibt diese Momente, die stimmen, die sind richtig. Man ist satt, hat getrunken, friert nicht, ist nicht krank. Das sind Momente, wie dicke fette Katzen, die auf der Fensterbank sitzen und die Augen geschlossen haben. Und U2[2] hören. Laura stellt mir immer wieder kleine Fragen, die sie mir wie Kekse zuschiebt. Ob ich einen Film gesehen habe. Ob ich jemals Tennis gespielt habe. Ob meine Großeltern noch leben. Komische Fragen, aber ich antworte, sage mal ja und mal nein, nicht viel mehr. Und dann passiert es, das passiert immer wieder, und ich merke es immer viel zu spät. Ich fange wieder an zu summen. Ich weiß nicht, warum ich das mache. Es geschieht einfach, wenn ich zuhöre, wenn ich nachdenke, wenn ich schreibe. [...] Laura schaut mich an und sagt: „Kannste denn auch singen?" – „Nein", sage ich. „Echt nicht?" „Nein". Hab noch nie gesungen, tu's also nicht, kann's also nicht. „Was kannst du denn?" Bitte? „Na, jeder kann was, oder?" „Ja?", frag ich. Jeder kann was. Klar. Ich kann meinen Namen buchstabieren und immer noch den *Erlkönig*[3] aufsagen. „Ich kann den *Erlkönig* aufsagen." Klasse. Jetzt hab ich sie bestimmt mal mächtig beeindruckt. [...]

Irgendwann ist es neun. „Ich geh jetzt."

Und dann geh ich. Ich fahr nach Hause und wache wieder ein wenig auf, frag mich, ob ich geschlafen habe, was ich da gemacht habe, in der Küche, stundenlang.

[1] gemütliches Kaffeetrinken mit Freunden oder Bekannten
[2] irische Rockband
[3] Gedicht von Johann Wolfgang von Goethe (1782)

**b** Nach der ersten Lektüre:
Bildet Teams. Einige Teams bearbeiten Variante 1, einige Teams Variante 2. Vergleicht dann die Ergebnisse.

Variante 1:
Stellt euch vor: Vor dem Schreiben dieses Abschnitts hat Tamara Bach eine Handlungsskizze, das „Setting", angelegt. Wie sieht das Setting aus? Ergänzt bitte und kreuzt an.

**Personen**

- ☐ ..........................
- ☐ ..........................
- ☐ ..........................

**Ort der Handlung**

- ☐ bei .......................... zu Hause
- ☐ im Jugendzimmer
- ☐ im Wohnzimmer
- ☐ in der Küche

**Tageszeit**

- ☐ Vormittag
- ☐ Nachmittag
- ☐ Abend
- ☐ Von .......................... bis ..........................

**Handlung**

Die Personen

- ☐ plaudern und hören Musik.
- ☐ plaudern bei Kaffee und Kuchen.
- ☐ plaudern, trinken Kaffee, essen Kekse.

Variante 2:
Stellt euch vor: Tamara Bach malt vor dem Schreiben immer erst eine Skizze der Szene.
Wie sieht die Skizze für diese Szene aus? Zeichnet bitte.

## 15 Gedanken zum Text

**a** Lies den Text noch einmal, beantworte bitte die Fragen und vergleiche die Antworten mit deinem Partner / deiner Partnerin.

1. Wie gut kennen sich Laura und Miriam? Woran erkennst du das?
2. Welche Adjektive passen zu wem? Verbinde bitte.

fröhlich • interessiert • glücklich • neugierig
• aktiv • freundlich • sympathisch • gesprächig

PHILLIP LAURA MIRIAM

passiv • musikalisch • müde • selbstbewusst
• schüchtern • zufrieden • überrascht

**b** Wann fühlt Miriam sich gut? Wann fühlt sie sich unsicher? Zeichne bitte ihre Gefühlskurve.

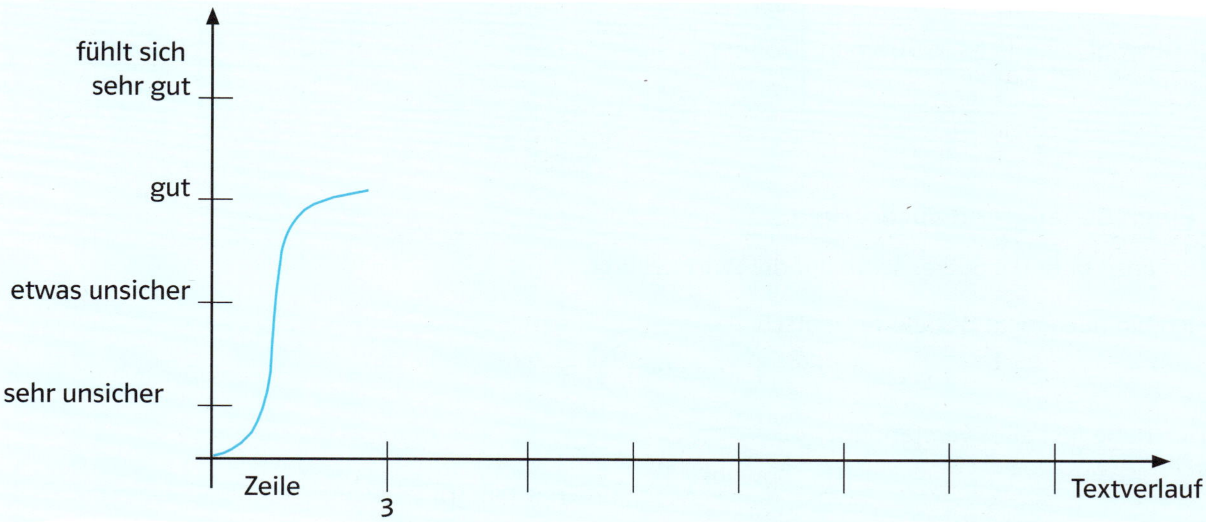


**c** Mach dir bitte Notizen zu folgenden Fragen. Sprecht dann in der Klasse darüber.

1. Wen von den dreien möchtest du gerne kennen lernen? Warum?
2. Was war ein Moment, der für dich „richtig" war?
   (Wo warst du? Wer war bei dir? Was hast du getan ? Warum war der Moment so schön?)
3. „Was kannst du denn?" – Was würdest du auf diese Frage spontan antworten?

**d** Rollenspiel: Welche Fragen stellst du jemandem, den du noch nicht richtig kennst?
Schreib die Fragen auf ein Plakat im Klassenzimmer.
Spielt dann zu zweit oder zu dritt: Neue Bekannte besser kennen lernen.

# 35 Meine Grammatik

## Nebensatz mit *obwohl*

Ergänze bitte mit einem eigenen Beispiel.

Der Hauptsatz steht vorn.

| | **Konnektor** | | **konjugiertes Verb** |
|---|---|---|---|
| Sie geht joggen, | **obwohl** | es in Strömen | regnet. |
| ............ | ............ | ............ | ............ |

**Nebensatzklammer**

Der Nebensatz steht vorn.

| **Konnektor** | | **konjugiertes Verb** | **konjugiertes Verb** | | **Verb Teil II** |
|---|---|---|---|---|---|
| **Obwohl** | es in Strömen | regnet, | geht | sie | joggen. |
| ............ | ............ | ............ | ............ | ............ | ............ |

## Einen Gegengrund ausdrücken

Ergänze bitte die Sätze. Achte auf die Wortstellung.

Ich bin noch nicht perfekt in Deutsch.
Trotzdem ............................................................ .

Ich habe fast alles verstanden,
obwohl ............................................................ .

## Relativpronomen *wo* und *was*

Ergänze bitte die Sätze.

**Wahre Liebe**

Überall, .................... ich bin, denke ich nur an dich.
Alles, .................... du sagst, klingt wie Musik für mich.
In der Straße, ...................................., stehe ich und warte auf dich.
Ich möchte dir alles sagen, .................................................... .
Es gibt nichts, .................................................................. .
Lass uns einen Ort finden, ..................................................... .

# Mein Wortschatz

## Veränderungen

Welche Veränderungen hat es bei dir im letzten Jahr gegeben? Welche Veränderungen wird es (vielleicht) geben? Oder welche Veränderungen wünschst du dir? Ergänze bitte die Wortigel.

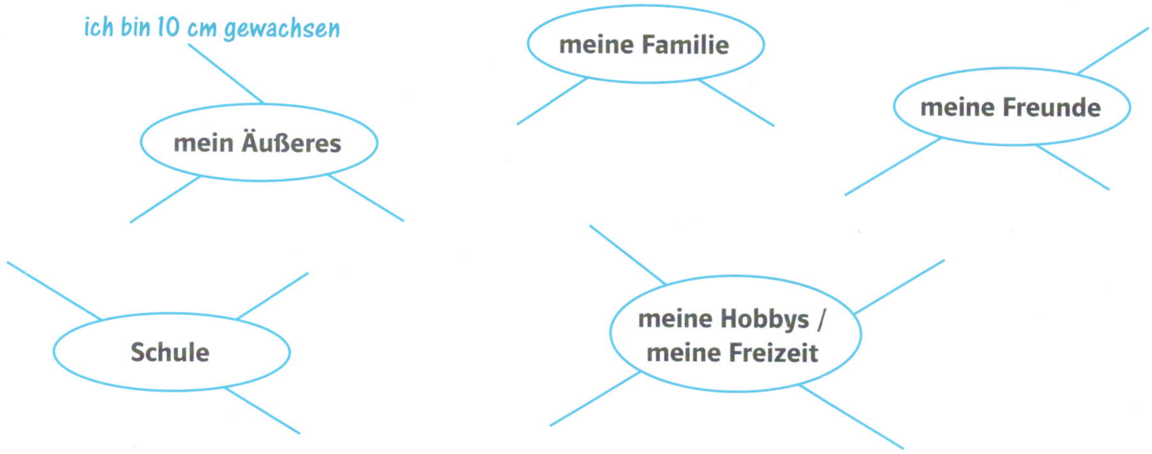


## Lieblingsorte und Lieblingsbeschäftigungen

Du möchtest jemanden finden, mit dem / der du möglichst viele Gemeinsamkeiten hast. Notiere die Informationen und such in der Klasse nach einer passenden Person.

1. Einen Ort, wo du gerne bist oder sein möchtest: ..........................................
2. Alles, was du besonders gut kannst: ..........................................
3. Etwas, was du in den nächsten Tagen gern machen möchtest: ..........................................
4. Ein Land, wo du deinen nächsten Urlaub verbringen willst: ..........................................
5. Etwas, was du dir schon lange wünschst: ..........................................
6. Eine Stadt, wo du gerne wohnen würdest: ..........................................

## Silbenrätsel mit Riesenpizza

Was ist auf deiner Pizza? Notiere bitte die Wörter.

Basilikum, ...

# 36 Europa ist bunt!

## 1 Europäische Länder und Hauptstädte auf Deutsch ➔ KB: 1

**a** Welche Hauptstadt gehört zu welchem Land? Verbinde bitte.

**b** Welche Nationalität haben die Jugendlichen, die du gehört hast? Ergänze bitte.

| Hauptstadt | Land | Nationalität |
|---|---|---|
| Oslo | Ungarn | *Er ist Ungar.* |
| Budapest | Belgien | Er ................ |
| Wien | Norwegen | Sie ................ |
| Prag | Finnland | Sie ................ |
| Athen | Polen | Sie ................ |
| Brüssel | Großbritannien | Er ................ |
| Helsinki | Spanien | Sie ................ |
| Warschau | Griechenland | Er ................ |
| Madrid | Tschechien | Sie ................ |
| London | Österreich | Er ................ |

## 2 Luisas Meinung zu Europa

**a** Lies bitte, was Luisa für ein Jugendmagazin geschrieben hat, und markiere wichtige Begriffe.

Europa bedeutet für mich die Chance, trotz aller Probleme in Frieden und Vielfalt zusammenzuleben. In Europa gibt es natürlich viele Unterschiede, aber mich faszinieren am meisten die Gemeinsamkeiten: Geschichte, Demokratie, Musik und Fußball. Vor allem die Musik verbindet Europa.

Das beste Beispiel ist der Eurovision Song Contest, an dem viele europäische Länder teilnehmen. Aber auch die Begeisterung für den Fußball findet man überall in Europa.

**b** Was gefällt Luisa am meisten an Europa? Kreuz bitte an.

- ☐ die Vielfalt im Zusammenleben
- ☐ die Gemeinsamkeiten
- ☐ die Unterschiede

**c** Schreib bitte die Nomen (mit Artikel) zu den Adjektiven. Du findest alle Nomen in Luisas Text.

| Adjektiv | Nomen | Adjektiv | Nomen |
|---|---|---|---|
| friedlich | *der Frieden* | begeistert | ................ |
| europäisch | ................ | geschichtlich | ................ |
| demokratisch | ................ | unterschiedlich | ................ |
| gemeinsam | ................ | vielfältig | ................ |

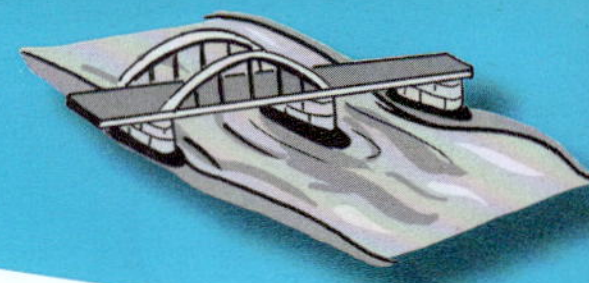

## 3 Was weißt du über Europa? ➔ KB: 3

**a** Welche Aussagen sind richtig, welche sind falsch? Kreuz bitte an.

| | richtig | falsch |
|---|---|---|
| 1. Alle Sprachen in Europa gehören zu derselben Sprachfamilie. | ☐ | ☐ |
| 2. In einigen europäischen Ländern wird Lateinisch gesprochen. | ☐ | ☐ |
| 3. Europas Stärke ist die kulturelle Vielfalt. | ☐ | ☐ |
| 4. Der Titel der Europahymne ist: „Einheit in Vielfalt". | ☐ | ☐ |
| 5. Alle europäischen Länder gehören zur Europäischen Union (EU). | ☐ | ☐ |
| 6. In der EU geht es vor allem um wirtschaftliche und politische Fragen. | ☐ | ☐ |
| 7. In der EU leben mehr Menschen als in den USA. | ☐ | ☐ |
| 8. Alle EU-Staaten haben dieselbe Währung, den Euro. | ☐ | ☐ |
| 9. Beim Eurovision Song Contest machen sehr viele europäische Länder mit. | ☐ | ☐ |
| 10. Der Eurovision Song Contest findet alle zwei Jahre statt. | ☐ | ☐ |

**b** Korrigiere die falschen Aussagen mit Hilfe der Infobox im Kursbuch.

.......................................................................................................

.......................................................................................................

.......................................................................................................

.......................................................................................................

## 4 Sprachenvielfalt in der EU

Such die deutschen Namen der Länder auf der Europakarte im Kursbuch (S. 6-7) und schreib sie in die Liste. Schreib den Ländernamen in deiner Sprache dazu.

| Landessprache | Deutsch | deine Sprache |
|---|---|---|
| Blgarija | ............ | ............ |
| Danmark | ............ | ............ |
| España | ............ | ............ |
| Éire | ............ | ............ |
| Eesti | ............ | ............ |
| France | ............ | ............ |
| Magyarország | ............ | ............ |
| Italia | ............ | ............ |
| Lietuva | ............ | ............ |
| Nederland | ............ | ............ |
| Polska | ............ | ............ |
| România | ............ | ............ |
| Slovenija | ............ | ............ |
| Suomi | ............ | ............ |
| Sverige | ............ | ............ |

# 36 Europa ist bunt!

## 5 Gemeinsame Sprachwurzeln

**a** Lies noch einmal die Texte der „Infobox Europa". Welche Wörter sind deiner Meinung nach Internationalismen? Notiere sie auf Deutsch, Englisch (und / oder einer anderen Sprache) und in deiner Sprache.

| Deutsch | Englisch | andere Sprache | deine Sprache |
|---|---|---|---|
| *Europa* | *europe* | ............ | ............ |
| *Zirkus* | ............ | ............ | ............ |
| ............ | ............ | ............ | ............ |
| ............ | ............ | ............ | ............ |
| ............ | ............ | ............ | ............ |
| ............ | ............ | ............ | ............ |
| ............ | ............ | ............ | ............ |
| ............ | ............ | ............ | ............ |
| ............ | ............ | ............ | ............ |
| ............ | ............ | ............ | ............ |
| ............ | ............ | ............ | ............ |

**b** Notiere eventuell weitere Internationalismen, die du kennst.

**c** Die Internationalismen spricht man in den verschiedenen Sprachen verschieden aus. Lies sie bitte laut.

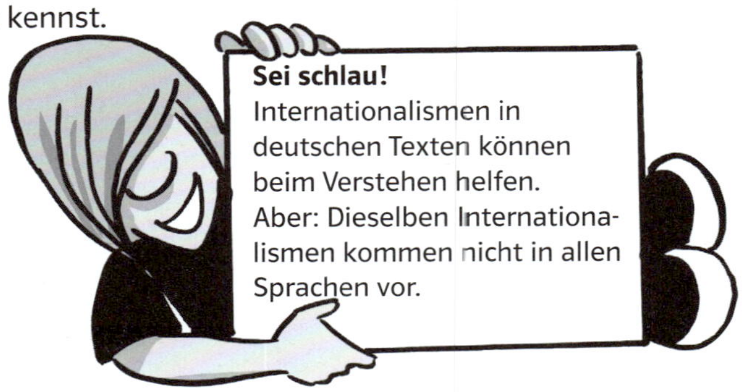


## 6 Das eigene Land vorstellen

3 21

**a** Vier Jugendliche stellen ihr Land vor. Hör bitte zu und notiere die Informationen.

| | Land | Hauptstadt | Sprache / Sprachen | typische Merkmale |
|---|---|---|---|---|
| Pierre  | ............ | ............ | ............<br>............ | ............<br>............<br>............<br>............<br>............ |
| Mercedes  | ............ | ............ | ............<br>............ | ............<br>............<br>............<br>............<br>............ |

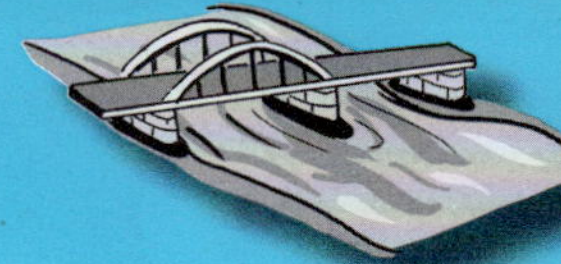

| | Land | Hauptstadt | Sprache / Sprachen | typische Merkmale |
|---|---|---|---|---|
| Jorgos  | .......... | .......... | .......... .......... | .......... .......... .......... .......... .......... |
| Kaisa  | .......... | .......... | .......... .......... | .......... .......... .......... .......... .......... |

**b** Bildet Teams. Macht euch Notizen und stellt euer Land in der Klasse vor.

## 7 Sie haben sogar denselben Geschmack!

**a** Beschreib bitte die beiden Mädchen mit Hilfe des Steckbriefs.

**Name:** Moreno
**Vorname:** Carmen
**Geburtsdatum:** 13.02.1993
**Geburtsort:** Sevilla
**Schule:** Beethoven-Gymnasium in Bonn
**Klasse:** 9a
**Lieblingsfächer:** Musik, Informatik, Deutsch
**Hobbys:** Flamenco, Bungeejumping
**Lieblingsfarbe:** hellblau
**Lieblingsessen:** Spagetti mit Fleischsoße

**Name:** Moreno
**Vorname:** Jolanda
**Geburtsdatum:** 13.02.1993
**Geburtsort:** Sevilla
**Schule:** Beethoven-Gymnasium in Bonn
**Klasse:** 9a
**Lieblingsfächer:** Musik, Informatik, Deutsch
**Hobbys:** Flamenco, Bungeejumping
**Lieblingsfarbe:** hellblau
**Lieblingsessen:** Spagetti mit Fleischsoße

Carmen und Jolanda haben an *demselben* .......... Tag Geburtstag.
Sie sind in .......... Stadt geboren.
Sie besuchen .......... Schule.
Sie sind in .......... Klasse.
Sie haben .......... Lieblingsfächer,
.......... Hobbys,
.......... Lieblingsfarbe, .......... Lieblingsessen.
Und sie haben .......... Eltern: Sie sind Zwillinge!

**der**selbe, **das**selbe, **die**selbe
↓ ↓ ↓
wird wie der bestimmte Artikel dekliniert

-**selbe** wird wie ein Adjektiv
nach dem bestimmten Artikel dekliniert

**b** Aber es gibt auch Unterschiede. Ergänze bitte.

Sie schreiben nicht mit .......... Kuli,
sie tragen nicht .......... Pulli,
sie fahren nicht mit .......... Fahrrad
und sie treffen sich nicht mit .......... Freunden.

# 36 Europa ist bunt!

## 8 Bist du schon Experte für die *n*-Deklination? ➔ KB: 4

Die *n*-Deklination erkennst du im Wörterbuch:
Bär, der <-en, -en>
Mensch, der <-en, -en>
↑ Gen. ↑ Pl.

**a** Schreib bitte die richtige Form in den Satz.

1. Der Arzt hat .................................................. einen guten Rat gegeben.
   a) dem Patient
   b) dem Patienten
2. Die Gesundheit .................................................. ist ihm wichtig.
   a) des Patientes
   b) des Patienten
3. Der Professor hat gestern lange mit .................................................. diskutiert.
   a) einem Studenten
   b) einem Student
4. Die Antworten .................................................. haben ihm sehr gefallen.
   a) des Studentes
   b) des Studenten
5. Ein Journalist befragt .................................................. .
   a) den EU-Experten
   b) den EU-Experte
6. Der EU-Experte antwortet .................................................. .
   a) dem Journalist
   b) dem Journalisten
7. Luca hat im Zoo .................................................. fotografiert.
   a) einen Löwe und einen Affe
   b) einen Löwen und einen Affen
8. Er hat dann die Fotos .................................................. gezeigt.
   a) einem Fotograf
   b) einem Fotografen
9. Herr Neckermann hat gestern .................................................. besucht.
   a) seinen neuen Nachbar
   b) seinen neuen Nachbarn
10. Der Nachbar hat .................................................. herzlich begrüßt.
   a) Herrn Neckermann
   b) Herr Neckermann

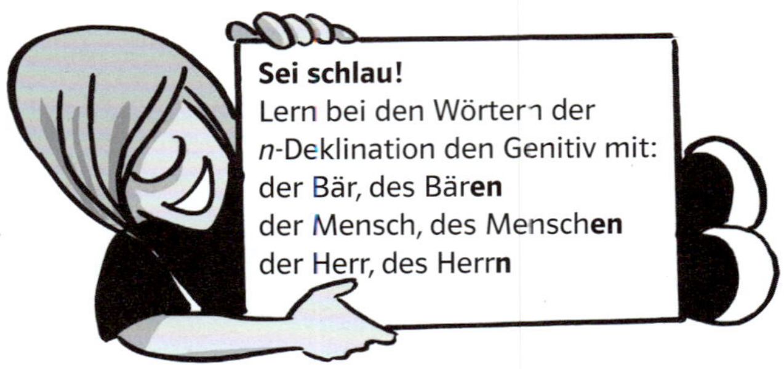


**b** Eine Rätselfrage und ihre Antwort: Ergänze bitte.

- Das ist die Frage: Was unterscheidet einen Deutschen von einem Iren, einen I.............................. von einem Polen, einen P.............................. von einem Griechen, einen G.............................. von einem Franzosen, einen F.............................. von einem Türken und einen T.............................. von einem Briten?
- Die Antwort ist doch klar: Der D.............................. beginnt mit D, der I.............................. mit I, der P.............................. mit P, der G.............................. mit G, der F.............................. mit F, der T.............................. mit T und der B.............................. mit B.

Aber Achtung:

Der Deutsche wird manchmal ein D............................ Der Ire aber bleibt immer ein I............................, der Pole ein P............................, der Grieche ein G............................, der Franzose ein ............................ usw.

## 9 Ein Gegensatz oder verschiedene Möglichkeiten? ➔ KB: 6

Unterstreich bitte die Doppelkonnektoren in den Beispielsätzen. In welchen Sätzen wird ein Gegensatz (G) ausgedrückt, in welchen Sätzen werden zwei Möglichkeiten (2 M) genannt?

1. Es gibt nicht nur eine, sondern viele Europaschulen in ganz Europa. G
2. In den Europaschulen gibt es nicht nur einsprachigen, sondern auch zweisprachigen Unterricht. ☐
3. Die Europaschule Bornheim ist kein „normales" Gymnasium, sondern eine Gesamtschule mit verschiedenen Bildungsgängen. ☐
4. Die Europaschule Bornheim ist sowohl eine Gesamtschule als auch eine Ganztagsschule. ☐
5. In einer Ganztagsschule gibt es nicht nur vormittags, sondern auch nachmittags Unterricht. ☐
6. Die Europaschulen bereiten die Jugendlichen sowohl auf das Abitur als auch auf das Leben in Europa vor. ☐
7. Europa bleibt für sie nicht abstrakt, sondern wird sehr lebendig. ☐

## 10 E-Mail an Magdalena

**a** Natascha besucht seit einem Jahr die Europaschule Bornheim. Sie möchte ihrer Austauschpartnerin Magdalena von ihrer Schule erzählen. Lies bitte ihre Notizen.

- Europaschule Bornheim: kein Gymnasium, eine Gesamtschule mit differenziertem Unterrichtsangebot
- Unterricht: vormittags und nachmittags
- großes Angebot an Fremdsprachen und zweisprachiger Unterricht
- Mittagessen: nicht zu Hause, Schulrestaurant „Sunny"
- Fachunterricht und viele AGs
- Europa-Orientierung durch regelmäßigen Schüleraustausch und Praktika im Ausland
- Europa – kein Extra-Fach! Thema Europa in alle Fächer integriert
- Ziel der Schule: die Schüler fit machen fürs Leben und für Europa

**b** Weil Natascha noch ihre Hausaufgaben machen muss, schreibst du die Mail (S. 134). Verwende dabei die Doppelkonnektoren. Erwähne mindestens fünf Punkte.

nicht / kein ..., sondern ...
∘ nicht nur ..., sondern auch ...
∘ sowohl ... als auch

# 36 Europa ist bunt!

E-MAIL SCHREIBEN ?

Hallo Magdalena,
Natascha wollte dir von ihrer neuen Schule, der Europaschule Bornheim, erzählen, aber sie muss noch Hausaufgaben machen. Deshalb schreibe ich für sie, dann können wir nachher noch Musik hören und quatschen. ..................................................

..................................................

..................................................

..................................................

..................................................

..................................................

Sicher gibt es bei euch auch Europaschulen. Schau doch mal im Internet nach!
Ciao, ..............................

P.S. Hi Mäggie, ich bin fertig mit den Hausaufgaben. Ich finde .................. hat unsere Schule prima beschrieben. Schreib doch mal über deine Schule.
Tschüss, Natascha

## 11 Grammatischer Europazug

➔ KB: 8/9

**a** Welche Satzteile gehören mit welchen Konnektoren zusammen? Verbinde bitte. Lies die Sätze dann laut.

| | | |
|---|---|---|
| 1. Sascha Götz wollte Menschen für Europa begeistern, | **obwohl** | viele Menschen bei dem Postkarten-Projekt mitgemacht haben. |
| 2. Der Zug fuhr durch sieben europäische Länder, | **deshalb** | die Menschen miteinander ins Gespräch kommen. |
| 3. Die Reisenden feierten mit den Menschen überall dort, | **damit** | war er ein Symbol für ganz Europa. |
| 4. Das Spiel Twister wurde an den Haltestellen gespielt, | **wo** | sie das Brot des Nachbarlandes probierten. |
| 5. Der Europazug fuhr nur durch Beitrittsländer im Osten, | **weil** | hat er sich den Europazug ausgedacht. |
| 6. Die Ausstellung „Gesicht Europas" wurde sehr vielfältig, | **trotzdem** | viele Menschen Vorbehalte gegenüber Europa haben. |
| 7. Die Menschen sprachen über verschiedene Backtraditionen, | **um** | der Zug hielt. |
| 8. Der Europazug war ein voller Erfolg, | **als** | den Reisenden Europas Geografie nahezubringen. |

**b** Nebensätze mit *damit, um … zu, als, weil, obwohl* können auch vorn stehen. Schreib bitte die Sätze mit dem Nebensatz vorn in dein Heft.

## 12 Gespräch mit Sascha Götz, dem Initiator des Europazugs KB: 8

Welche Fragen hat der Journalist Sascha Götz gestellt? Formuliere bitte.

1. ...........................................................................

Der „Europazug" soll für Europa werben und begeistern.

2. ...........................................................................

Die meisten kommen aus Deutschland, aber einige auch aus anderen europäischen Ländern.

3. ...........................................................................

Während der Fahrt diskutieren sie mit Politikern, Wissenschaftlern, Journalisten.

4. ...........................................................................

Über Themen, die für die Menschen in den europäischen Ländern von Bedeutung sind.

5. ...........................................................................

Das sind zum Beispiel: Mobilität und Bildung, aber auch Meinungen und Wünsche der Menschen.

## 13 Wortbildung: zusammengesetzte Wörter KB: Lektion 36

**a** Bilde bitte zusammengesetzte Wörter.

ein Zug für Europa: ..........................................
Visionen für Europa: ..........................................
Werbung für Europa: ..........................................
gleiche Chancen: ..........................................
Politik für Minderheiten: ..........................................
der Prozess der Integration: ..........................................

**b** Was bedeuten diese Wörter? Kreuz bitte an.

**1. der Staatenverbund**
a) Verbindung zwischen mehreren Staaten
b) Zusammenschluss mehrerer Staaten

**2. die Sprachfamilie**
a) Sprachen mit gemeinsamen Wurzeln
b) Sprache, die man in der Familie spricht

**3. Teilnehmerländer**
a) Länder, aus denen die Teilnehmer kommen
b) Länder, die teilnehmen

**4. Videokonferenz**
a) Konferenz, bei der Videos gezeigt werden
b) Konferenz, bei der die Teilnehmer am Bildschirm miteinander kommunizieren

## 14 Sprechtraining: Rhythmus und Wortakzent KB: Lektion 36

**a** Hör die Wörter und sprich bitte nach. Achte auf den Wortakzent.

| **Wortakzent** | | | | | | |
|---|---|---|---|---|---|---|
| **O**o | **Eu**ro | .................... | Einheit | .................... | Hymne | Flagge |
| o**O**o | Eu**ro**pa | Experte | .................... | Familie | Geschichte | .................... |
| oo**O**o | Euro**pä**er | europäisch | Initiator | .................... | Psychologe | Jubiläum |
| o**O** | Uni**on** | Kultur | .................... | Tourist | .................... | Projekt |
| **O**oo | **Pu**blikum | .................... | Wettbewerb | Teilnehmer | Wissenschaft | |
| oo**O** | Poli**tik** | Passagier | .................... | Abitur | .................... | Konferenz |
| ooo**O** | Eurovisi**on** | Aktivität | Akademie | .................... | Neutralität | |
| o**O**oo | Po**li**tiker | .................... | | | | |
| oooo**O** | Qualifikati**on** | Nationalität | .................... | | | |

**b** Hör nun die folgenden Wörter und schreib sie an die richtige Stelle im Raster.

Finale ○ Zirkus ○ Programm ○ Parlament ○ Universität ○ Karawane ○ Event ○ Gymnasium ○ Dekoration ○ Studium ○ Computer ○ Vielfalt ○ Kandidat

# 36 Meine Grammatik

## Demonstrativartikel *derselbe / dasselbe / dieselbe*

**a** Ergänze bitte die Tabelle.

| | maskulin | neutral | feminin | Plural |
|---|---|---|---|---|
| **Nominativ:** Das war/ waren | **der**selbe Junge | ...... ...... | ...... ...... | ...... ...... |
| **Akkusativ:** Sie trugen | ...... ...... | **das**selbe ...... | **die**selbe ...... | ...... ...... |
| **Dativ:** Sie wohnten in | ...... ...... | ...... ...... | ...... ...... | **den**selben ...... |
| **Genitiv:** Das ist ein Lied | **des**selben ...... | **des**selben ...... | **der**selben ...... | **der**selben ...... |

**b** Ergänze bitte deine Eindrücke.

Manchmal ist das Leben ein bisschen langweilig! Wenn man aus dem Fenster sieht, sieht man immer denselben ......, dieselben ...... und ....... Im Radio hört man immer dieselbe ......, im Fernsehen laufen immer wieder dieselben ...... mit denselben .......
Und in der Schule, in der Disko sieht man auch immer dieselben ......! Und leider, leider, bleibt man selbst auch immer der / dieselbe!

> *Derselbe, dasselbe, dieselbe* kannst du auch als Pronomen gebrauchen:
> Man bleibt immer **derselbe**. Alle sagen **dasselbe**.

## Die *n*-Deklination

**a** Ergänze bitte die Tabelle.

| | Singular | Plural |
|---|---|---|
| **Nominativ** | der Mensch | die ...... |
| **Akkusativ** | den ...... | die ...... |
| **Dativ** | dem ...... | den ...... |
| **Genitiv** | des ...... | der ...... |

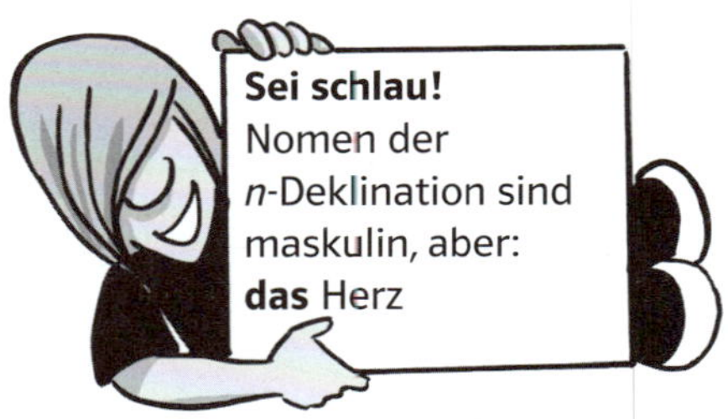


**b** Lies das Gedicht bitte laut.

**und Schmerz**

Wieder die ganze Nacht geweint
Wieder ein Tag, der hoffnungslos scheint
Wieder im nichts als Schmerzen
Wieder der Gedanke, du liebst mich nicht:
das Klopfen meines
hörst du nur im Gedicht.

**c** Welche Nomen der *n*-Deklination kennst du? Notiere bitte.

*der Löwe,* ......

......

Achtung: der Name, den Namen, dem Namen, des Namens, Pl.: die Namen
das Herz, das Herz, dem Herzen, des Herzens, Pl.: die Herzen

# Mein Wortschatz

## Dein Europaquiz

Kreuz bitte die Antworten an, die zu dir passen. Vergleiche und diskutiere deine Lösungen mit deinem Partner / deiner Partnerin.

**1. Interessierst du dich für Europa?**

☐ a) sehr

☐ b) ein wenig

☐ c) überhaupt nicht

**2. In wie viele Länder Europas bist du schon gereist? Welche?**

☐ a) In drei: ..................

☐ b) In mehr als drei: ..................

☐ c) In weniger als drei: ..................

**3. Sollen alle Europäer mehrere europäische Sprachen lernen?**

☐ a) Ja, unbedingt.

☐ b) Englisch würde genügen.

☐ c) Alle sollen Esperanto* lernen.

**4. Was denkst du über den Eurovision Song Contest?**

☐ a) Den schaue ich mir immer an.

☐ b) Ätzend!

☐ c) Ich würde auch gern mal mitmachen.

**5. Was denkst du über den Euro?**

☐ a) Der Euro ist ein „Teuro".

☐ b) Die nationale Währung ist wichtig für die Identität!

☐ c) Kein Geldwechsel mehr beim Reisen – das ist doch super!

**6. Wie viele Sterne hat die Europaflagge?**

☐ a) 12

☐ b) 27

☐ c) 17

* Esperanto: 1887 von einem polnischen Arzt erfundene, künstliche Sprache.

## Deine Schule – Was bietet sie?

Kreuz an und ergänze bitte.

Meine Schule ist ein / eine ..................

**Unterricht ist ...**

☐ nur vormittags ☐ vormittags und nachmittags ☐ vormittags und ein / zwei Nachmittag(e)

**Es gibt ...**

☐ nur Pflichtfächer

☐ Wahlpflichtfächer. Das sind: ..................

☐ Wahlfächer. Das sind: ..................

☐ einige AGs. Das sind: ..................

**Wir haben ...**

☐ eine Mensa fürs Mittagessen

☐ eine Cafeteria

☐ eine Schulbibliothek

☐ ..................

**Die Schule bietet ...**

☐ Unterricht in den Fremdsprachen ..................

☐ regelmäßigen Schüleraustausch mit ..................

☐ bilingualen Unterricht auf .................. in den Fächern ..................

☐ ..................

# Meilenstein 18

Die Reise endet in der deutschsprachigen Schweiz, und zwar in Basel am Dreiländereck Schweiz, Deutschland, Frankreich. Zeichne deinen Weg auf der Landkarte auf Seite 4 ein und sammle Meilensteine.

## 1 Ich kann über Veränderungen in meinem Leben sprechen.

Die Jugendlichen erzählen, was sich in ihrem Leben verändert hat. Ergänze die Sprechblasen mit einem passenden Inhalt.

neuer Freund / neue Freundin • ein schicker Haarschnitt • Prüfung nicht bestanden • Eltern haben sich getrennt • schon drei Monate in der neuen Klasse • eigenes Zimmer • ...

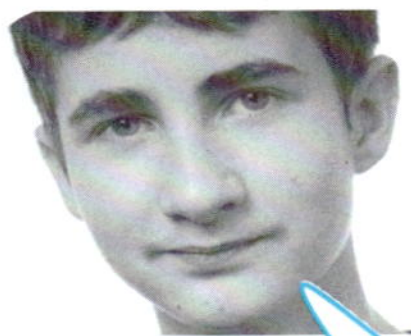

1. ..........................................................
..........................................................
*Und auf einmal drehen sich die Leute auf der Straße nach mir um.*

2. *Mein Leben hat sich total verändert, seit* ..........................................................
..........................................................

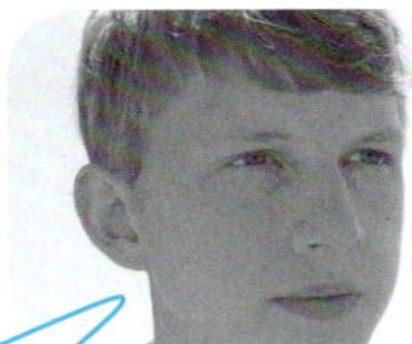

3. *Obwohl* ..........................................................
..........................................................
*fühle ich mich immer noch fremd.*

4. ..........................................................
..........................................................
*Trotzdem fühle ich mich jetzt besser: Der ganze Stress ist weg.*

5. ..........................................................,
*kann ich endlich Freunde zu mir einladen.*

........ / 10

## 2 Ich verstehe, was jemand in einem Radiointerview über sein Hobby erzählt.

3 28 Susanne wird im Schulradio über ihr Hobby interviewt. Welche Aussage ist richtig, welche falsch? Kreuz bitte an.

| | richtig | falsch |
|---|---|---|
| 1. Susanne hat eine Fernsehsendung über einen berühmten Bergsteiger gesehen. | | |
| 2. Susanne klettert am liebsten an der Kletterwand in der Sporthalle. | | |
| 3. Susannes Eltern wandern gern in den Bergen. | | |
| 4. Susanne hat Probleme in der Schule. | | |
| 5. Susanne fällt es schwer, sich zu konzentrieren. | | |
| 6. Susanne hatte noch keinen schweren Unfall. | | |
| 7. Susanne ist mit dem Verein schon oft in den Alpen gewesen. | | |

........ /7

## 3 Ich erkenne Satz- und Textzusammenhänge.

Ein Computervirus hat jedes fünfte Wort in der E-Mail zerstört. Rekonstruiere bitte den Text.

Hallo Leute,
es ist total verrückt, .................... ich bin jetzt schon .................... ganze Woche in Stuttgart. .................... wohnen jetzt in so .................... richtig alten Kasten mitten .................... Stadtzentrum. Überall sind Leute, .................... wir nicht kennen. Am .................... war's total chaotisch: Wir .................... noch keine Betten und .................... auf Luftmatratzen auf dem .................... schlafen. Unsere Sachen waren .................... in Kisten und man .................... ewig suchen, wenn man .................... brauchte. Weil wir keinen .................... hatten, konnten wir auch .................... kochen. Wir wussten nicht, .................... wir tun sollten, aber .................... haben wir eine Pizza ....................! Stuttgart gefällt mir. Tanja .................... ich waren auch schon .................... der Stadt unterwegs. Ich .................... euch sehr und freue .................... schon auf ein Wiedersehen. Euer Daniel

........ / 11

## 4 Ich kenne die deutschen Namen von vielen europäischen Ländern.

Notiere bitte die deutschen Namen von zwölf europäischen Ländern.

..........................................................................................

..........................................................................................

........ / 6

## 5 Ich kann Gründe und Gegengründe mit den richtigen Konnektoren nennen.

Ergänze die Online-News zum Eurovision Song Contest mit den passenden Konnektoren.

obwohl • weil • deshalb • trotzdem • aber • denn

**Österreich verzichtet auf Teilnahme**

Die Entscheidung ist gefallen: Österreich nimmt am **E**urovision **S**ong **C**ontest 2008 nicht teil. .................... der ESC aber ein wichtiges europäisches Event ist, will der ORF* die Sendung .................... zeigen. Nur einmal bekam Österreich den ersten Platz: 1966 gewann Udo Jürgens mit „Merci Cheri“. .................... danach hat Österreich nie mehr gewonnen, war sogar dreimal auf dem letzten Platz. Und .................... Eric Papilaya „Musik mit Stimme und Gefühl“ bietet, kam er 2007 mit seinem Lied „Get A Life – get Alive“ nicht einmal ins Finale. „Beim Song Contest wird nach Herkunftsländern entschieden. .................... machen wir nicht mehr mit, .................... wir wollen keine österreichischen Talente in ein chancenloses Rennen schicken“, sagt dazu der Programmdirektor des ORF. (* **Ö**sterreichischer **R**und**f**unk)

........ / 6

**Am Ende der Reise:** Wie viele Meilen hast du gesammelt?
**Bis 20 Meilen:** Alles war anstrengend und du musst dich ein wenig entspannen. Setz dich in ein Café am Tinguely-Brunnen in Basel, sammle deine Kräfte und wiederhole die Lektionen 35 und 36.
**21–30 Meilen:** Du hast deine Sache gut gemacht! Spazier doch mal hinaus zum Dreiländereck, wo Deutschland, Frankreich und die Schweiz zusammentreffen.
**31–40 Meilen:** Du hast eine Belohnung verdient: Fahr zur Römerstadt *Augusta Raurica*! Da gibt es gerade ein großes Fest mit römischem Essen und echten Wagenrennen! Mach einfach mit!

........ / 40

## Meilensteine 13–18: Lösungen

### Meilenstein 13

**1** 1. a) Ich frage mich, ob wirklich alle Bayern Lederhosen tragen. 1. b) Ich möchte wissen, wann in Deutschland die Schule beginnt. 1. c) Weißt du, ob man in Österreich mit Euro bezahlen kann? 2. a) Ich bin sicher, dass nicht alle Bayern Lederhosen tragen. 2. b) Ich habe gelesen, dass die Schule in Deutschland um 7.30 Uhr (halb acht) beginnt. 2. c ) Ja, ich weiß, dass man in Österreich mit Euro bezahlen kann.

**2** *(für jeden Satz 2 Punkte):* 1. Wie ist das Wetter in Florenz? 2. Soll ich mein Mathebuch mitnehmen? 3. Was für ein Geschenk passt zu eurer Deutschlehrerin?

**3** Alle ...; ... nichts ...; ... jeder ... ; einer

**4** *(für jede richtige Äußerung 1 Punkt):* 1. Igitt! Wie eklig! / Das ist ja eklig. / Ich ekle mich. / (Die ist ja süß!) 2. Hurra! Ich habe eine Eins! / Ich habe ein „Sehr gut" in der Deutscharbeit. 3. Wie peinlich! / Das ist aber peinlich! 4. Aua! Das hat wehgetan! / Das tut weh! 5. Nanu? Was ist passiert? / Was ist (denn) hier / heute los?

**5** *(für jeden richtigen Satz 1 Punkt):* 2. Moni wundert sich. 3. Die Clique freut sich. 4. Hanna ekelt sich.

**6** *Zum Beispiel (für jeden richtigen Satz 2 Punkte):* 1. Wenn ich morgens aufstehe, mache ich sofort das Radio an. / dusche ich mich / ... 2. Wenn ich von der Schule nach Hause komme, / esse ich zuerst zu Mittag. / wartet meine Mutter schon auf mich. / ... 3. Als ich zehn Jahre alt war, kam ich aufs Gymnasium. / habe ich meine beste Freundin kennen gelernt. / sind wir umgezogen. / ... 4. Als ich gestern in der Stadt war, habe ich ... getroffen / habe ich ... gekauft / ...

**7** *(für jede richtige Form 1/2 Punkt):* ... Sein Kopf lag auf dem Tisch. Als sie ihn aufwecken wollte, fiel er vom Stuhl. Die Bibliothekarin dachte, dass der Mann tot war. Sie rief die Polizei. Plötzlich lief der Mann weg. Er hatte ein Buch in der Hand. Aber die Polizei konnte den Mann fangen und brachte ihn zur Polizeistation. Dort erklärte er, dass er für seine Freundin Liebesgedichte suchte.

### Meilenstein 14

**1** 1. Ich hätte gern mehr Zeit für meine Hobbys. *(1 Punkt)* 2. Ich würde gern im Thomanerchor mitsingen und in einem Internat leben. *(2 Punkte)* 3. Ich wäre gern Schulsprecherin. *(1 Punkt)*

**2** *(für jeden Satz 3 Punkte):* Jenny geht zum Spieleabend, denn sie will gucken, wie das so läuft. Per besucht den Italienischkurs, weil er mit italienischen Jugendlichen quatschen möchte. / weil er jedes Jahr mit seinen Eltern an die italienische Adria fährt.

**3** *(für jeden Teilsatz 2 Punkte):* 1. Guten Tag, ich möchte mich über den Tischtenniskurs informieren. 2. Können Sie mir sagen, wann der Kurs stattfindet? 3. Ich möchte wissen / Mich interessiert / Ich möchte noch fragen, ob auch Anfänger teilnehmen können. 4. Ich hätte noch eine Frage: Muss man Schläger und Bälle selbst mitbringen?

**4** Richtig sind: 1.; 2.; 5.; 6.

**5** *(für jedes Verb 1/2 Punkt):* ... teilgenommen ...einen Preis gewonnen / bekommen. ... Erster geworden ... Medaille gewonnen / bekommen.

**6** ... nettesten Nachbarn, ... sind freundlicher und höflicher als ... den schönsten und größten Garten ... die besten Kontakte ... Ein süßeres Hundebaby ...

**7** ● Bis gleich! ● Wo gehst du denn hin? ● Ich gehe raus in den Garten. ● Und was machst du da draußen? ● Ich hole die Kinder rein. Die sind jetzt schon so lange draußen, sie müssen sich jetzt mal drinnen aufwärmen. Dann können sie wieder raus und weiterspielen.

### Meilenstein 15

**1** *(für jede Sprecheinheit 3 Punkte):* 1. Wir könnten ein Schulfest mit einem Buffet organisieren und Obdachlose einladen. 2. Ja, das ist eine gute / tolle Idee. / Ja, das finde ich prima. 3. Ich finde die Idee nicht schlecht, aber der Direktor ist sicher dagegen. / aber ich weiß nicht, ob der Direktor auch dafür ist. 4. Nein, das finde ich nicht sehr sinnvoll! / Nein! Da bin ich anderer Meinung! Wir sollten (lieber) Geld und alte Kleidung ins Obdachlosenheim bringen / Geld für die Obdachlosen sammeln / ...

**2** Richtig sind: 3; 4; 6

**3** Nach der Geburt: die Taufe; Mit neun Jahren: die Erstkommunion; Mit 14 Jahren: die Konfirmation

**4** Aktion A und C.

**5 a** Als ... Bevor ... seit ... wenn ... bis ...

**5 b** Mit ... *(1 Punkt)* ... von 1993 bis 1995 ... *(1 Punkt)* Im Jahr 1995 ... *(1 Punkt)*

**6** *Zum Beispiel (für jede richtige Lösung 1 Punkt):* Die Fotos zeigen … den 70. Geburtstag meines Großvaters, die Hochzeit unserer Eltern, die Taufe eines Nachbarskindes, Maries Konfirmation, den ersten Schultag meiner Mutter, den Ball der Abiturklasse, den Besuch von Verwandten aus Amerika, Onkel Werners Verlobung.

## Meilenstein 16

**1** *(für jedes Beispiel 2 Punkte):* 1. Wie wäre es, wenn wir einander besser zuhören würden. 2. Wir könnten eine Klassenfahrt machen. 3. Alle / Wir sollten mehr Respekt für andere Meinungen zeigen. 4. Regelmäßige Diskussionen wären hilfreich. 5. Ich würde es schön finden, wenn wir etwas gemeinsam machen würden z.B. ins Theater oder ins Kino gehen.

**2 a** 1. Seit den 1980er Jahren; 2. Leipzig; 3. 27. Mai; 4. 20.000

**2 b** Richtig: 1, 2; falsch: 3, 4

**3** *(für jede richtige Antwort 2 Punkte):* 1. In Berlin. 2. Lehrerin für Mathematik und Physik. 3. Weil sie den Schülern helfen will und weil sie sich auf ihren Beruf als Lehrerin vorbereiten will. 4. Die meisten kommen aus der Türkei. 5. Die Schüler bekommen Hilfe bei den Hausaufgaben und beim Deutschunterricht. Sie spielen aber auch Theater und erstellen eine Schülerzeitung. 6. Sie haben Respekt vor ihr, weil sie die deutsche Sprache beherrscht und als Frau Mathematik und Physik studiert.

**4** *(für jede richtige Form 1 Punkt):* … Jugendlichen … der Erwachsenen … Jugendlicher … Jugendlichen … Jugendliche … Betroffene …

**5** *Zum Beispiel (für jede richtige Antwort 2 Punkte):* Ich lerne Deutsch, um später in Deutschland oder in Österreich zu studieren. Ich mache meine Hausaufgaben immer schnell, damit ich dann noch Zeit für meine Freunde habe.

## Meilenstein 17

**1** *Zum Beispiel (für jeden Satz 2 Punkte):* 1. Ich werde auf jeden Fall / bestimmt / ganz sicher studieren. 2. Ich gehe wahrscheinlich ein Jahr ins Ausland. 3. Nächsten Sommer mache ich ein Praktikum. / Ich mache im nächsten Sommer ein Praktikum. 4. Ich weiß nicht, ob ich 2015 eine Familie und Kinder habe / haben werde. / Vielleicht habe ich 2015 eine Familie und Kinder?

**2** D, G, B, H, E, F, A, C

**3** *Zum Beispiel:* Elisabeth wurde am 24. Dezember 1837 in Bayern geboren und verbrachte / hatte dort eine glückliche Kindheit. *(2 Punkte)* Als sie 15 Jahre alt war, verliebte sich der junge Kaiser Franz Joseph in sie. Sie heirateten im April 1854. *(3 Punkte)* Elisabeth war sehr schön, aber auch sehr unglücklich. Ihre Schwiegermutter war sehr dominant, und Elisabeth durfte ihre Kinder nicht selbst erziehen. *(4 Punkte)* Trotz ihres Lebens in Luxus war sie ruhelos und machte viele Reisen. Sie interessierte sich nicht für Politik, nur für Ungarn zeigte sie Interesse / hatte sie Sympathie. *(4 Punkte)* Kronprinz Rudolf beging mit 31 Jahren Selbstmord. Danach machte sie noch mehr Reisen. *(2 Punkte)* Am 10. September 1898 wurde sie in Genf von einem Anarchisten ermordet. *(2 Punkte)* Sie wurde in Wien in der Kapuzinergruft begraben. *(1 Punkt)*

**4** 1. Während des Zweiten Weltkriegs … 2. Wegen des Mauerbaus … 3. Trotz der Wiedervereinigung …

**5** *(für jeden Satz 1 Punkt):* 1. Er braucht nie mehr zu arbeiten. / Geld zu verdienen. 2. Sie braucht nie mehr staubzusaugen. 3. Du brauchst nie mehr Lügen zu erzählen.

## Meilenstein 18

**1** *Zum Beispiel (für jedes Beispiel 2 Punkte):* 1. Ich hab mir (doch) nur einen schicken Haarschnitt machen lassen. Und auf einmal … 2. Mein Leben hat sich total verändert, seit meine Eltern sich getrennt haben / seit ich einen neuen Freund / eine neue Freundin habe. 3. Obwohl ich schon seit drei Monaten in der neuen Klasse bin, fühle ich mich immer noch fremd. 4. Ich habe die Prüfung nicht bestanden. / Meine Eltern haben sich getrennt. 5. Seit ich ein eigenes Zimmer habe, kann ich endlich Freunde zu mir einladen. / Weil ich jetzt ein eigenes Zimmer habe, kann ich …

**2** Richtig: 1, 3, 6; falsch: 2, 4, 5, 7

**3** *(für jedes Wort 1/2 Punkt):* … aber … eine … Wir … einem … im … die … Anfang … hatten … mussten … Boden … noch … musste … etwas … Herd … nichts … was … dann … bestellt … und … in … vermisse … mich …

**4** *(für jedes Land 1/2 Punkt) Mögliche Länder:* Belgien, Bulgarien, Dänemark, Deutschland, Estland, Finnland, Frankreich, Griechenland, Großbritannien, Irland, Italien, Lettland, Litauen, Luxemburg, Malta, Niederlande, Österreich, Polen, Portugal, Rumänien, Schweden, Slowakei, Slowenien, Spanien, Tschechische Republik, Ungarn, Zypern

**5** … Weil … trotzdem … Aber … obwohl … Deshalb … denn …

# Meine Lieblingswörter

# Meine Strategien

**Bildquellen:**
Umschlag: Klett-Archiv (Fotostudio Gallandi), Stuttgart ● S. 4.1: Picture-Alliance (Keystone/GAETAN BA), Frankfurt ● S. 4.2: Picture-Alliance (Bildagentur Huber/Gräfenhain), Frankfurt ● S. 4.3: Wikimedia Foundation Inc. (Rama), St. Petersburg FL ● S. 4.4: imago Stock & People GmbH (imagebroker/hollweck) ● S. 4.5: Picture-Alliance (Keystone), Frankfurt ● S. 5.1: Fotolia LLC (Elvira Schäfer), New York ● S. 5.2: Wikimedia Foundation Inc. (Michael Gredenberg), St. Petersburg FL ● S. 5.3: Corbis (Hans Schlapfer/zefa), Düsseldorf ● S. 5.4: Panther Media GmbH (Susan Michel), München ● S. 5.5: Fotolia LLC (Gustavo Fadel), New York ● S. 6.1: iStockphoto (RF/Ralf Seker), Calgary, Alberta ● S. 6.2: Fotosearch RF (RF), Waukesha, WI ● S. 6.3: Klett-Archiv, Stuttgart ● S. 9.1: Fotosearch RF, Waukesha, WI ● S. 9.2: Getty Images, München ● S. 10.1: Bananastock RF, Watlington / Oxon ● S. 10.2,3: Avenue Images GmbH (StockDisc), Hamburg ● S. 14: Fotosearch RF, Waukesha, WI ● S. 26.1: Klett-Archiv (Renate Weber), Stuttgart ● S. 31.1: Stiftung Jugend forscht e.V., Hamburg ● S. 32.1: Avenue Images GmbH (IndexStock), Hamburg ● S. 32.2: iStockphoto (RF/Bryukhanova), Calgary, Alberta ● S. 40.1: Fotolia LLC (RF/Dietmar Wieser), New York ● S. 40.2: Dreamstime (Victorpr/RF), Brentwood, TN ● S. 40.3: Avenue Images GmbH (Image Source/RF), Hamburg ● S. 40.4: Klett-Archiv, Stuttgart (Katja Schüch) ● S. 40.5: stocktogo.com (Robert Kirk), New York, NY ● S. 40.6: Getty Images (PhotoDisc), München ● S. 41.1: ullstein bild (CARO/Sorge), Berlin ● S. 41.2: iStockphoto (RF/Douglas Warner) ● S. 41.3: iStockphoto (RF/Chris Fourie), Calgary, Alberta ● S. 41.4: Bildmaschine (RF/Stefan Redel), Berlin ● S. 41.5: iStockphoto (RF/Heiko Etzrodt), Calgary, Alberta ● S. 41.6: MEV, Augsburg ● S. 41.7: Dreamstime (RF/Bobainsworth), Brentwood, TN ● S. 41.8: Panther Media GmbH (Susan Michel), München ● S. 52: MEV, Augsburg ● S. 53: Klett-Archiv, Stuttgart ● S. 54.1: Gymnasium Papenburg (Rolf Drüppel), Papenburg ● S. 55.1: Schweizerische Arbeitsgemeinschaft der Jugendverbände (SAJV)/Aktion 72 Stunden ● S. 55.2: ullstein bild (Winkler), Berlin ● S. 56: iStockphoto (RF/Justin Horrocks) ● S. 58.1: iStockphoto (RF/Shelly Perry), Calgary, Alberta ● S. 58.2: JupiterImages (photoscom/RF), Tuscon, AZ ● S. 61.1: Das Fotoarchiv, Essen ● S. 61.2: Dreamstime (RF/Vgstudio), Brentwood, TN ● S. 61.3: iStockphoto (RF/Creativaimage), Calgary, Alberta ● S. 61.4: Fotosearch RF (Banana Stock), Waukesha, WI ● S. 62: Picture-Alliance (dpa/Thomas Schulze), Frankfurt ● S. 66: X Verleih AG, Berlin (www.good-bye-lenin.de) ● S. 67: Picture-Alliance (akg-images), Frankfurt ● S. 70: Reuen, Sascha, Essen ● 74.1-2: Klett-Archiv (Fotostudio Gallandi), Stuttgart ● S. 76.1-2: Klett-Archiv (Fotostudio Gallandi), Stuttgart ● S. 84.1: iStockphoto (RF / Lisa Kyle Young), Calgary, Alberta ● S. 86.1: iStockphoto, Calgary, Alberta ● S. 86.2: shutterstock, New York, NY ● S. 86.3: Fotolia LLC, New York ● S. 86.4: shutterstock, New York, NY ● S. 87.1-2: Mauritius (Uwe Umstätter), Mittenwald ● S. 89.1: shutterstock (Timothy R. Nichols), New York, NY ● S. 92: Klett-Archiv (Fotostudio Gallandi), Stuttgart ● S. 100.1: ullstein bild (Reuters), Berlin ● S. 100.2-3: Wikimedia Foundation Inc. (PD), St. Petersburg FL ● S. 100.4: Getty Images (Hulton Archive), München ● S. 100.5: Wikimedia Foundation Inc. (PD), St. Petersburg FL ● S. 100.6: Corbis (Bettmann), Düsseldorf ● S. 104.1: shutterstock (Igor Balasanov), New York, NY ● S. 104.2: shutterstock (Hannamariah), New York, NY ● S. 104.3: shutterstock (Anna Chelnokova), New York, NY ● S. 104.4: iStockphoto (Ivar Teunissen), Calgary, Alberta ● S. 105.1: Klett-Archiv (Fotostudio Gallandi), Stuttgart ● S. 108.1-3: Klett-Archiv (Fotostudio Gallandi), Stuttgart ● S. 120.1: Klett-Archiv (Fotostudio Gallandi), Stuttgart ● S. 121.1: Klett-Archiv (Fotostudio Gallandi), Stuttgart ● S. 128.1: shutterstock (travis manley), New York, NY ● S. 130.1: iStockphoto (Andrea Gingerich), Calgary, Alberta ● S. 130.2: iStockphoto (Thomas Gordon), Calgary, Alberta ● S. 131.1: iStockphoto (David Freund), Calgary, Alberta ● S. 131.2: shutterstock (Patricia Marks), New York, NY ● S. 133.1: Europaschule Bornheim (Falko Semrau) ● S. 138.1: shutterstock (Yuri Arcurs),New York, NY ● S. 138.2: Fotolia LLC (Alex Avdeev), New York ● S. 138.3: shutterstock (Ulrike Hammerich), New York, NY ● S. 138.4: Fotolia LLC (Adam Borkowski), New York ● S. 138.5: shutterstock (Junial Enterprises), New York, NY.

**Textquellen:**
S. 18: Zu gewinnen. Pasta und Schlittschuhlaufen auf dem Schulhof, www.spiesser.de

S. 124: Auszug aus: „Marsmädchen" von Tamara Bach © Verlag Friedrich Oetinger, Hamburg 2003, S. 39-41